Mitos

Romanos

AGRADECIMIENTOS

El autor desea expresar su agradecimiento a la doctora Susan Walker, del Department of Greek and Roman Antiquities del British Museum, y a la doctora Dora Thorton, del Department of Medieval and Later Antiquities por su ayuda bibliográfica así como en la selección de piezas de las colecciones del British Museum para las ilustraciones.

EL PASADO LEGENDARIO

Mitos

Romanos

JANE F. GARDNER

Traducción de
Isabel Bennasar y Miguel Morán

akal

Título original: *Roman myths*
© British Museum, 1993
© Ediciones Akal, S. A., 1995, 2000, 2008
para todos los países de habla hispana
Sector Foresta, 1
28760 Tres Cantos
Tel: 918 061 996
Fax: 918 044 028
Madrid - España
www.akal.com
ISBN: 978-84-460-0475-2
Depósito legal: M. 30.709-2008
Impreso en Fernández Ciudad, S. L.
Pinto (Madrid)

DISEÑO: Gill Mouqué
DISEÑO DE PORTADA: Slatter-Anderson

**Claude Gellé, llamado Claudio de Lorena.
Eneas visita a la Sibila de Cumas para
que le guíe durante su visita al mundo
subterráneo.**

PORTADA: *Detalle de un relieve de mármol
que representa a Eneas, Ascanio y la
cerda blanca, la señal de que sus viajes
habían terminado*

Índice

Antigua Roma

Campo
Marcio

*Laguna de
la Cabra*

Capitolio

Foro

*Puente
Sublicio*

Foro
Boario

Aventino

Janículo

Río Tíber

N

Quirinal

Viminal

Cispio

Oppio

Palatino

Celio

Esquilino

Clusium

Río Tíber

E
T
R
U
R
I
A

Vulci

Tarquinia

Falerri

Veii

Río Tíber

S
A
B
I
N
O
S

Cures

▲ *Monte Sagrado*

● Collario

ROMA

● Gabii

Lago Régilo

● Tusculum

Alba Longa ▲ *Monte Albano*

Lavinium

Lanuvium

Corioli

Ardea

MAR

TIRRENO

L
A
T
I
N
O
S

V
O
L
L
A
C
I
O

V
O
L
S
C
O
S

*Lago
Fucino*

Roma y sus vecinos

Introducción

Se ha dicho que los romanos no tuvieron mitos, sólo leyendas. El *Oxford English Dictionary* define el mito como "una narración ficticia que, normalmente, trata de personajes sobrenaturales, actos o acontecimientos bajo los que se encarna alguna creencia popular relativa a fenómenos naturales o históricos", pero la mayor parte de los mitos romanos hacen que esta definición no resulte completamente exacta. Los escritores antiguos los relatan no como una ficción, sino como la verdadera historia antigua del pueblo romano —incluso aunque nosotros mismos podemos darnos cuenta de cómo van modificándose ante nuestros ojos. Pero muchos mitos no implican a los dioses en absoluto, o sólo en una pequeña medida, y no se trata, además, de mitos sobre los dioses romanos.

En el siglo I a.C., en uno de los discursos incluidos en el diálogo filosófico *Sobre la naturaleza de los dioses*, Cicerón distinguía entre las historias mitológicas de los dioses, que él consideraba como algo griego, y lo que se esperaba de ellos en la religión romana, que, basada en augurios y presagios, estaba constituida por (1) ritual, (2) auspicios, y (3) anuncios proféticos procedentes de los oráculos sibilinos o de las entrañas de los animales sacrificados, que debían ser descifrados por intérpretes: "Estoy casi convencido de que Rómulo al instituir los auspicios y Numa el ritual, pusieron los cimientos de nuestra nación, y que sin ellos nuestro pueblo no habría podido llegar a ser tan grande ni tampoco los dioses inmortales habrían sido completamente aplacados".

Dicho en otras palabras, las *historias* de los dioses no eran importantes; la finalidad de la religión era mantener unas relaciones estables entre los dioses y la nación, y esta idea encontraba su justificación en la grandeza del propio pasado de Roma. Un escritor griego de una generación posterior, Dionisio de Halicarnaso, cuando señalaba la escasez de mitos (especialmente de carácter inmoral) sobre los dioses que había entre los romanos, lo hacía con aprobación y lo atribuía a la previsión de Rómulo, que supo ver que era fundamental asegurar el favor de los dioses, a través de la práctica de un ritual preciso, y del fomento de las virtudes cívicas.

Otras dos circunstancias que jugaron un papel importante sobre la índole del mito romano fueron, una, el criterio antiguo, compartido por los griegos y por los romanos, de para qué y cómo debía escribirse la historia, y otra, que los relatos escritos más antiguos que han llegado hasta nosotros y que son útiles datan de los siglos I a.C y d.C. En aquel momento Roma se había convertido ya en una sociedad urbana, muy sofisticada, cuya cultura, literatura y pensamiento estaban profundamente marcados por varios siglos de influencia griega; los "mitos" se conservaron en escritos que eran el producto de unas técnicas literarias muy refinadas y autoconscientes y sus autores se sentían libres para recrear las historias tradicionales, e incluso, para introducir añadidos en ellas.

Nuestras fuentes principales

Livio (h. 59 a.C.-17 d.C.) escribió una historia de Roma en 142 libros que abarcaba desde la fundación de la ciudad hasta el año 9 d.C. En el libro I, tras unas ligeras referencias a los sucesos ocurridos desde el momento en que Eneas abandonó Troya hasta el nacimiento de Rómulo y Remo, se encuentra la historia de la fundación de Roma y de los siete reyes. El libro segundo trata de la institución de la República Romana y de sus primeras luchas.

La obra principal de **Virgilio** (70-19 a.C.) es la *Eneida*, un poema épico en 12 libros, que narra las aventuras de Eneas desde su marcha de Troya hasta su llegada a Italia y la unión entre los troyanos y los itálicos. Es una visión profética sobre la futura grandeza de Roma, que culmina con la aparición providencial de Augusto (cuya familia se consideraba descendiente de Venus, la divina madre de Eneas).

Ovidio (43 a.C.-17/18 d.C.) incluyó ocasionalmente los mitos romanos en varias de sus obras poéticas. Una de ellas, los *Fastos*, es un cómputo del calendario romano, mes por mes, en el que describe y explica los ritos sagrados y fiestas del año litúrgico romano. Desgraciadamente sólo se han conservado los seis primeros libros, los que se refieren a los meses comprendidos entre enero y junio. En las *Metamorfosis* incluye algunas fábulas romanas, culminando con la deificación de Julio César y terminando con un elogio a Augusto.

Dionisio de Halicarnaso llegó a Roma como profesor de retórica a finales de la época en que Augusto alcanzaba su máximo poder y permaneció allí durante veintidós años. Escribió las *Antigüedades de Roma*, una historia romántica y retórica, que abarcaba desde los orígenes de la ciudad hasta el comienzo de la primera Guerra Púnica (264 a.C.). Se trata de un panegírico de la Roma antigua, escrito para tratar de reconciliar a los griegos con el hecho de haber sido conquistados por los romanos.

También la antigua erudición latina ha conservado algunas noticias, aunque a menudo sea de forma abreviada y fragmentaria. Marco Terencio **Varrón** (116-27 a.C.), después de abandonar la vida pública, dedicó veinte años a investigar y escribir. Su producción fue asombrosa y un escritor antiguo pensaba que, a los setenta y siete años de edad, había editado 490 libros, entre los que se encontraban unas *Antigüedades divinas y humanas*, en 41 libros, pero, salvo un tratado de agricultura, lo único que sobrevive de sus escritos es aproximadamente la cuarta parte de un *Vocabulario latino*, que contiene algunos fragmentos relativos a la antigüedad. Tenemos también una parte del epítome de Sexto Pompeyo **Festo** (siglo ii d.C.) a una obra similar de un liberto, Verrio Flaco, maestro de los nietos de Augusto.

Plutarco, un griego que viajó mucho por el mundo romano desempeñando cargos públicos, fue otro escritor muy prolífico. Su obra más conocida son sus *Vidas Paralelas*, de las que sólo se han conservado 22 pares, además de otras cuatro individuales; relativas a los primeros tiempos de Roma, escribió las vidas de los reyes Rómulo y Numa, de Publio Valerio Publícola, uno de los primeros cónsules, y de Coriolano. En sus *Cuestiones romanas*, se ocupa de las costumbres y los rituales religiosos de los romanos.

Ninguna de estas obras es anterior al siglo I a.C., es decir, todas ellas fueron escritas más de siete siglos después de la fecha en que, tradicionalmente, tuvo lugar la fundación de Roma. Así que ¿cuáles fueron las fuentes que utilizaron estos autores?

Moneda acuñada por L. Marcio Philipo en el año 55 a.C.: en el anverso , el rey Anco Marcio, constructor legendario del primer acueducto de Roma; en el reverso, el Aqua Marcia (144 a.C.) con la estatua ecuestre de su constructor Q. Marcio Rex.

Fundamentalmente seguían a escritores anteriores. El primer historiador romano conocido (del que únicamente se han conservado algunos pequeños fragmentos) es Quinto Fabio Pictor, que a finales del siglo III a.C. escribió una historia de Roma desde sus orígenes hasta mediados de su siglo. Pictor, como los poetas romanos más antiguos de que tenemos noticias, escribía en griego; el primero que utilizó el latín para escribir una obra histórica fue Catón el Mayor medio siglo después. Los escritores antiguos, como Livio, no se basaban en sus propias investigaciones (para las que, además, virtualmente no había materiales), sino en lo que escribieron sus predecesores, y aunque en algunas ocasiones trataron de discernir consciente y críticamente la veracidad de unos relatos que se contradecían entre sí al narrar un mismo suceso, lo más frecuente era que, cuando se encontraban ante uno de estos casos, escogieran la versión que les parecía mejor o la que más se acomodaba a sus propios intereses. Las dos cosas que los historiadores antiguos consideraban más importantes eran la calidad literaria de la obra y su valor didáctico: "Lo que hace particularmente provechoso el estudio de la historia —escribe Livio— es que pone ante tu vista multitud de experiencias de las que resulta posible extraer enseñanzas, eligiendo aquellos ejemplos que, en tu propio beneficio y en el de tu nación, debes imitar o rechazando aquellas que cosas (mal comenzadas y peor terminadas) que debes evitar". Lo que quiere decir, entre otras cosas, que los historiadores pretendían interpretar el pasado a la luz de su propio tiempo.

El período que va desde los supuestos orígenes de Roma hasta el fin de la monarquía y el comienzo de la república (tradicionalmente el 509 a.C.) no puede definirse como "histórico" en el sentido estricto que damos a dicha palabra, ni tampoco podemos hacerlo respecto a mucho de lo que se recoge en textos literarios de la primera o de las dos primeras generaciones de la república. Los historiadores modernos discuten aún sobre si en las historias conocidas sobre el período de los reyes hay algo de verdad (y si la hay, cómo discernirla), y este problema puede extenderse también a las historias tradicionales sobre los primeros días de la república, que también se encuentran llenas de invenciones y contaminaciones de fuentes anteriores. Sin embargo, estas historias constituyen un tesoro inapreciable para quienes se interesan por la creación de los mitos, pues en ellos, y en la manera que han ido cambiando y evolucionando a lo largo del tiempo, podemos ver cómo los romanos se fueron definiendo a ellos mismos a partir de la forma en que contaban la historia de su pasado, es decir, a través de sus "mitos". Para ello utilizaron diferentes materiales: ideas y asuntos copiados de la mitología y de la historia griegas, temas del folclore tradicional, e historias procedentes de las tradiciones familiares de algunas de las grandes familias romanas. Los monederos republicanos acuñaron monedas en las que hacían referencia a sus supuestos antecesores en un pasado legendario. Los historiadores difundieron las tradiciones familiares, y el protagonismo que asumen los Fabios, los Valerios y los Claudios en la historia de los primeros tiempos de la república probablemente debe algo a Fabio Pictor, a Valerio Antias y a Claudio Cuadrigario, que escribieron sus respectivas historias de Roma en torno al año 80 a.C.

A los historiadores, y también a los oradores como Cicerón, estas leyendas familiares les resultaban particularmente atractivas (incluso a pesar de que ellos mismos algunas veces se mostraron escépticos respecto a ellas) por su valor como exponente de determinadas verdades morales, lo que los romanos llamaban *exempla* ("lo que hay que imitar y lo que hay que evitar"). Los primeros libros de Livio, como la mirada histórica retrospectiva de Virgilio, incluían muchas de esta leyendas patrióticas como ejemplo de las virtudes "romanas".

Igual que los griegos, los romanos se interesaron mucho por la etiología, por ejemplo, investigando sobre los orígenes de las cosas —de los ritos, de los toponímicos, de las instituciones, de las ciudades, del pueblo romano en su conjunto y de su historia—, lo que no quiere decir que pretendieran descubrir cómo fueron realmente sus orígenes, sino simplemente contar una historia satisfactoria sobre ellos.

Así, por ejemplo, los orígenes de la mayor parte de las instituciones políticas, religiosas y cívicas de Roma se situaban en tiempos de los siete reyes (ellos mismos casi todos ficticios): Rómulo —el senado, la asamblea de los "curiate" y las "centurias" de caballería—, Numa —el calendario y la sumos sacerdotes—, Hostilio —los juicios por traición y los ritos religiosos para firmar la paz—, Anco Marcio —la declaración de guerra, las primeras cárceles, puentes y acueductos de Roma—, Tarquinio Prisco (el Primero) —la primera muralla de piedra de la ciudad, los juegos romanos anuales—, Servio Tulio —el censo, el sistema de las tribus y la asamblea jerárquica de los "centuriate"—. Incluso se atribuyó a uno de los reyes, a Tarquinio el Soberbio, la construcción de la Cloaca Maxima, aunque los restos más antiguos que se conservan de ella son posteriores al siglo IV a.C.

Dioses romanos y mitos griegos

Según parece, los romanos tenían uno o varios dioses propios para cada una de sus actividades u objetos importantes. Por ejemplo, Consus ("almace-

Moneda de los primeros tiempos de Roma (hacia el 220 a.C.), con el dios Jano, de doble cara, como dios de los portales y, también, de los comienzos.

namiento", cuyo nombre, pensaba Varrón, venía de "consejo"), Pales (las diosas de las manadas y los rebaños) y Robigo (tizón) eran divinidades agrícolas; Jano vigilaba los portales, Fauno era el dios de lo silvestre, Silvano el de los bosques y las tierras baldías, y, además, había muchos otros más que no parecen haber sido sino personificaciones de trabajos —pero que para nosotros y para los romanos del período clásico tan sólo son meros nombres—. Tenían *numen* (poder divino), pero no personalidades individuales. Aunque las ceremonias religiosas romanas eran complejas y minuciosas, y el calendario, a lo largo del año, estaba lleno de sacrificios y rituales, celebradas por los sacerdotes, muy pocas estaban relacionadas con una historia, y un número aún menor de ellas, incluso cuando su propósito era explicar el culto particular o el nombre de un dios, implicaban a los dioses mismos. Si alguna vez hubo una mitología romana sobre sus dioses, se ha perdido irremediablemente. Los dioses romanos carecían de aventuras y de relaciones familiares: los dioses mayores estaban calcados sobre los griegos, las divinidades olímpicas y las romanas se correspondían entre sí de una manera muy sencilla.

Los principales dioses griegos eran: **Cronos** (el tiempo), que fue destronado por su hijo Zeus; **Zeus**, rey y dios de las tormentas; su hermano **Poseidón**, dios de las aguas y los terremotos; **Hera**, la diosa reina, esposa (y hermana) de Zeus, diosa del matrimonio y de las mujeres; y las otras hermanas de Zeus, **Demeter** (los cereales y las cosechas) y **Hestia** (el hogar de la casa). A estos habría que añadir los hijos de Hera, **Ares** (la guerra) y **Hefestos** (el herrero), que estaba casado con **Afrodita**. Ella era la diosa del amor, que, según tradiciones, se consideraba nacida del esperma de Urano, el padre de Cronos, derramado sobre las aguas del mar o hija de Zeus y una Titán. **Atenea**, diosa de la sabiduría, era hija de Zeus y Metis (una personificación de la prudencia). Otros hijos de Zeus, nacidos de diferentes amantes suyas, fueron los gemelos **Apolo** (la música, pero también la medicina, el tiro con arco, las manadas y los rebaños) y **Artemisa**, asociada con los animales salvajes, la caza y la virginidad; y además **Hermes**, mensajero de los dioses y patrono de los mercaderes y ladrones, y **Dionisos** (también llamado Baco), dios del vino y el último en llegar al Olimpo.

Los romanos identificaron a algunos de ellos, pero no a todos, con sus propios dioses, aunque no lo hicieran siempre de manera muy apropiada. **Júpiter**

Silvano, dios de los bosques, vestido con una piel de animal y con un árbol en su mano derecha; en la otra sostenía, originalmente, algo, quizá unas podaderas.

Durante los primeros años del Imperio los miembros de las familias libres solían hacerse retratar en sus tumbas a la manera de los dioses. Del cuello para abajo, esta joven es Venus; su peinado recuerda mucho al de la suegra de Adriano.

Lámpara de terracota representando la tríada Capitolina: Júpiter entre Juno y Minerva.

(conocido también como "Jove"), **Neptuno**, **Marte**, **Venus** y **Vesta** son, más o menos, los dioses correspondientes a Zeus, Poseidón, Ares, Afrodita y Hestia. **Vulcano**, el dios romano del fuego, se identifica con Hefestos, y Artemisa con **Diana**, la diosa de los bosques y, probablemente también, de la luna, las mujeres y los nacimientos. **Juno**, aunque históricamente desempeñó funciones muy parecidas a las de Hera, sobre todo como diosa, parece ser que en un principio era una deidad asociada con la fuerza de los jóvenes guerreros. Cronos se identifica, de una manera algo forzada, con **Saturno**, quizá, originalmente, un dios de la recolección, que, como Cronos, se asoció con una primitiva Edad de Oro, anterior al tiempo en que se hizo necesaria la agricultura.

Más sorprendente resulta el paralelismo establecido entre Atenea y **Minerva**, la diosa itálica de la artesanía. Minerva, Júpiter y Juno formaban la tríada de dioses más importantes para los romanos, que les habían dedicado un templo en el Capitolio. Ellos tres y su templo se convirtieron en el símbolo de Roma, y en todos los lugares del Imperio se encuentran templos dedicados a ellos. Los propios romanos pensaban que había sido dedicado, en torno al año 509 a.C. por el último de los reyes de Roma, Tarquinio el Soberbio, y el origen etrusco de su padre quizá puede decirnos algo sobre la procedencia de Minerva al mismo tiempo que su ascenso al puesto más importante de la jerarquía divina, como Atenea, refleje, quizá, la influencia de la cultura griega sobre la etrusca en este período.

Mercurio, el alter ego de Hermes, no era, probablemente, un dios de origen romano, sino simplemente el nuevo nombre dado por los romanos a un dios griego que habían adoptado en la primera década del siglo v a.C. junto a otras divinidades, cuando se introdujo en Roma el culto de Demeter y Dionisos como **Ceres** y **Liber**. A través del contenido del llamado *Libro Sibilino,* una colección de oráculos guardados en el templo de Júpiter Capitolino y consultados en momentos de crisis (especialmente cuando se producían catástrofes naturales como plagas o hambrunas), podemos conocer la forma en que, normalmente, los romanos se reconciliaban con los dioses: introduciendo un nuevo dios o un nuevo rito religioso. Dioniso mismo (según Varrón) contaba cómo los romanos introdujeron su culto:

"Una mujer extranjera llegó ante el tirano (Tarquinio el Soberbio) intentando venderle nueve libros llenos de oráculos sibilinos. Cuando Tarquino rehusó comprarlos por la suma que pedía, la mujer quemó tres de ellos y pidió el mismo precio por los seis restantes. Pensó que estaba loca y se burló de ella por pedir el mismo precio de antes por una cantidad menor de libros; y ella volvió a quemar otros tres. Regresó de nuevo y volvió a pedir el mismo precio por los tres restantes. Sorprendido por su contumacia, Tarquino envió a buscar a los augures y les preguntó lo que debía hacer. Ciertas señales dijeron que había rechazado un presente enviado por los dioses, predijeron que le iba a suceder una gran desgracia por no haber comprado todos los libros y le aconsejaron que diera a aquella anciana una suma de dinero superior a la requerida a cambio de los oráculos que aún guardaba en su poder."

Así lo hizo, la mujer desapareció, y Tarquino designó unos custodios para los oráculos, un cargo, dice Dioniso, que aún existía en su tiempo. Cuando en el año 83 a.C. el fuego destruyó los oráculos, se formó una nueva colección transcribiendo oráculos procedentes de distintas partes del mundo conocido, alguno de los cuales resultó ser falso.

Generalmente Roma resultaba muy receptiva a nuevas divinidades, y entre las primeras en ser admitidas por ellos estaban **Apolo** (para quien los romanos no encontraron otro equivalente), como dios traumaturgo, y deificaron al héroe **Heracles** (a quien los romanos llamaron Hércules). Uno de los nuevos cultos introducidos más famoso fue el de la Gran Diosa Madre, **Cibeles** o Mater Magna, llevada a Roma, en la forma de una piedra negra, en el año 204 a.C. durante la guerra con Aníbal; su templo se inauguró en el 191 a.C. y se estableció la Megalesia, una fiesta anual con representaciones teatrales y juegos. Este culto se importó de Frigia, en Asia Menor, en los confines del mundo griego. Su fiesta implicaba una bulliciosa procesión callejera de sacerdotes que saltaban, bailaban al son de instrumentos de viento, tambores y címbalos, y pedían dinero a los transeúntes; y aunque era muy popular entre los romanos, ningún romano podía participar en ella por cuestiones de decoro: pues consideraban el baile, sobre todo si se hacía en público, como algo reprobable, y más reprobable aún les parecía el hecho de que los sacerdotes fueran eunucos.

Resulta difícil saber qué es lo que pensaban exactamente los romanos sobre sus dioses helenizados porque en los escritos que han llegado hasta nosotros sus historias no pasan de ser temas literarios. Ovidio en su *Arte de amar* se limita a tomar prestada de Homero la historia de cómo Vulcano (Hefestos) sorprendió en la cama a Venus y Marte (Afrodita y Ares), atrapándoles dentro de una red invisible, e invitó al resto de los dioses a que se burlasen de ellos. Ovidio utiliza la historia como un descarado aviso a los amantes recelosos: si sospechas que ella te engaña, no intentes sorprenderla, pues saldrás perdiendo. Y añade rápidamente que "esto no rige, por supuesto para mujeres casadas". Era precavido: Augusto acababa de promulgar una ley con duras penas contra el adulterio y poco después, en el año 8 d.C., condenó a Ovidio al exilio por razones que no conocemos, pero es seguro que la inmoralidad erótica de gran parte de su poesía no debió ayudarle en absoluto.

Virgilio, sin embargo, juzgó conveniente ignorar la infidelidad de Venus en su *Eneida*. Ella convence a Vulcano para que forje la armas de Eneas (su hijo tenido con un mortal, Anquises) valiéndose sencillamente de la seducción marital:

"El vacilaba, pero ella le rodeó el cuello con sus níveos brazos y le acarició con suave y tierno abrazo. Repentinamente, como solía pasar, él se inflamó y un calor conocido inundó sus entrañas y recorrió sus huesos quebrantados, de la misma manera en que un brillante relámpago, desgajándose de un tonante trueno, ilumina con su luz las nubes. La diosa, satisfecha de su treta y ufana de su belleza, se dio cuenta de ello. El anciano dios, vencido por el amor, aceptó."

Él consiente, tras las relaciones conyugales (se entiende), y se queda dormido.

Esta seducción es casi una parodia de aquella otra de la *Ilíada*, cuando Hera hace que Zeus deje de prestar atención a lo que estaba sucediendo en la guerra de Troya. Virgilio la utiliza para poder describir las armas, especialmente el escudo, lo que constituye también otra idea tomada de la *Ilíada* de

Homero, en la que Hefestos forja un escudo para Aquiles. Virgilio se vale de la decoración del escudo para ofrecer una especie de fresco de los acontecimientos más gloriosos de la historia de Roma, culminando, en el centro, con una magnífica incrustación en la que se muestra al futuro emperador Augusto, mecenas de Virgilio y descendiente de Venus y Eneas (como se ocupa de recordar a los romanos), derrotando a Antonio y Cleopatra en la batalla de Actium (31 a.C.), con Apolo ayudándole —creación de otro mito— y disfrutando de un triunfo en Roma sobre pueblos de todos los confines del mundo.❐

Este adorno arquitectónico de terracota representa el triunfo de Augusto. La Victoria lleva un trofeo de armaduras y se sostiene sobre un globo flanqueado por Capricornios, el símbolo de la fortuna para Augusto.

Eneas y el destino de Roma

Todo el mundo conoce a Eneas gracias al poema épico de Virgilio, en el que los viajes y trabajos del héroe se presentan de manera explícita como un mito nacionalista sobre los orígenes y el destino divino de Roma. En la *Ilíada* de Homero, Eneas el troyano tiene ya un gran futuro delante de sí: el dios Poseidón le salva en la batalla, profetizando que él y sus descendientes serán reyes. Después de la caída de Troya las tradiciones griegas le llevaron, junto con su padre Anquises, su hijo Ascanio y varios compañeros troyanos, hacia el oeste, como tantos otros veteranos de ambos bandos de la Guerra de Troya —proporcionando así fundaciones legendarias a muchos lugares de Sicilia e Italia del sur, en los que se habían asentado los griegos desde el siglo VIII a.C. en adelante—.

Las primeras historias de la leyenda de Eneas

A finales del siglo VI a.C., la historia de la huida de Eneas se conocía ya en Etruria: aparece pintada en varios vasos griegos de figuras negras encontrados allí, y aparece también en estatuillas votivas halladas en la ciudad etrusca de Veii y en joyas etruscas. El primero que lo asoció con Roma fue Helánico, un historiador griego del siglo V a.C., que escribe que Eneas fundó Roma y la llamó Rhoma (la palabra griega para solidez), como una de las mujeres troyanas que le habían acompañado. Otros escritores griegos, sin embargo, atribuyen la fundación de Roma a otros héroes troyanos y griegos diferentes de Eneas; en una de estas versiones, Roma habría sido fundada por un hijo de Ulises y Circe. Posteriormente se presenta a Eneas como bisabuelo del fundador de Roma.

El hecho de que los romanos estuvieran dispuestos a aceptar que los fundadores de su ciudad fueran extranjeros, no puede sorprendernos en absoluto, pues estas historias daban a los romanos la posibilidad de reclamar un lugar propio dentro de la tradición, mirada en sentido "histórico", del pasado heroico griego. En tanto que descendientes del troyano Eneas, en particular, podían permanecer al margen de los griegos, mejor aún, en Italia Eneas se presenta como amigo y aliado de los griegos, no como su enemigo.

Había también otra tradición alternativa, según la cual la fundación de Roma no se debió ni a Eneas ni a ningún otro, sino a Rómulo y Remo. Algunos de los historiadores romanos más antiguos dicen que eran hijos o nietos de Eneas, sin embargo, podría resultar que ni Eneas, ni ninguno de sus nietos, fueran, realmente, los fundadores de Roma. Si tenemos en cuenta que un historiador griego, Eratóstenes de Cirene (275-194 a.C.), al componer una cronología universal (*Cronografía*), fijaba la caída de Troya en el año 1184 a.C., y que

Eneas llevando a su padre Anquises y el palladium (una imagen de la diosa Palas Atenea); moneda de tiempos de Julio César, 49 y 47 a.C.

las distintas fechas que se han propuesto para la fundación de Roma oscilan entre el 814 y el 728 a.C., pareciendo la más pausible de ellas la del 735 a.C., resulta obvia la magnitud del abismo temporal que existe entre Eneas y Rómulo. A principios del siglo II a.C., Catón el Viejo, salvó este abismo de manera muy ingeniosa y con él nació la versión corriente de la historia.

Tras su llegada al Lacio, Eneas fundó una ciudad llamada Lavinium, sobre un lugar llamado "Troia", en las tierras que le había cedido el rey local Latino, donde él y su mujer Lavinia, la hija de Latino, ejercieron su gobierno sobre un pueblo unificado, que recibió el nombre de Latino. Después de que Eneas muriera combatiendo contra un príncipe local, Turno, y los Rútulos (lo que, en el poema de Virgilio, sucede antes de que llegara a contraer matrimonio), su hijo Ascanio fundó Alba Longa, que más tarde cayó en manos de su hermano (su hijo, en otras versiones) Silvio, siendo el primero de una dinastía con la que se llega hasta el nacimiento de Rómulo y Remo y, algunos años después, la fundación de Roma.

Siguiendo la profecía

Para que una fundación legendaria, cualquiera, sea buena debe incluir portentos y profecías. En la historia de Virgilio, lo primero que hizo Eneas, siguiendo el comportamiento adecuado de un fundador de ciudades griego, fue dirigirse a Delfos para recibir un oráculo del dios Apolo, que, con su tono críptico habitual, le dijo: "Oh descendiente de Dárdano (el fundador mítico de Troya), la tierra de tus antepasados te dará la bienvenida en su fértil seno cuando tú regreses a ella. Busca por todas partes a tu anciana madre".

Ascanio recordó que Teucro, un antepasado del rey de Troya, había venido de Creta, y con ese rumbo embarcaron Eneas y sus troyanos. En Creta tuvo una visión de los Dioses Troyanos, transmitiéndole un mensaje de Apolo, que había considerado necesario hacer más explícito su oráculo. La "anciana madre" era Italia, de donde procedía Dárdano antes de su llegada a esta tierra, y, navegando a través del mar Jónico, los troyanos desembarcaron en las islas llamadas Estrófades. Mataron algunos animales y prepararon un banquete, pero inmediatamente fueron atacados por las Harpías, unos monstruos mitad mujer mitad pájaro, que ensuciaron su comida; consiguieron rechazar a las harpías, pero la que las mandaba profirió una profecía: "Iréis a Italia y se os permitirá atracar en un puerto; pero, por la ofensa que nos habéis hecho, no se os permitirá construir una ciudad, y rodearla con murallas, hasta que un hambre espantosa os obligue a comeros las mesas".

En Épiro encontraron a otro troyano, Heleno, el hijo de Príamo, que reinaba sobre una ciudad creada a imagen y semejanza de Troya; éste le dio a Eneas instrucciones detalladas para su viaje y profetizó:

"Te voy a dar una señal; consérvala en tu memoria. Cuando, ansioso y preocupado, te encuentres en las aguas de un apartado río, tumbada bajo unas encinas, a una gran cerda blanca que acaba de parir, con sus treinta lechoncillos blancos agarrados a sus tetas, habrás encontrado el lugar. Allí habrán acabado tus penalidades. Y no te preocupes por lo de tener que comer las mesas; las cosas se arreglarán, y Apolo te ayudará si le invocas."

La cerda y sus lechones representan a los latinos. En un principio, los treinta cochinillos parece que se identificaban con los treinta pueblos que, tradicionalmente, formaban la Liga Latina, definitivamente derrotada por los romanos el año 338 d.C. La interpretación de los treinta lechones como treinta años parece haber sido un invento de Fabio Pictor, motivado probablemente por la lealtad que la mayor parte de los pueblos latinos demostraron hacia Roma durante la guerra contra Aníbal. Virgilio ofrece la versión romana del mito de la cerda y sus lechones, según la cual el lugar donde la cerda blanca (*alba* en latín) da a luz es Alba Longa, que había reclamado también para sí el puesto de ciudad madre de los latinos. La ciudad de Lavinium se consideraba fundada por el propio Eneas, que llevaría allí los objetos sagrados, los Penates (dioses domésticos) del pueblo romano, que anualmente recibían una visita ceremonial de los magistrados romanos más importantes. En torno al 300 a.C., según el historiador griego Timeo, en el mercado de Lavinium había una imagen de bronce de la cerda y sus cachorros; no sabemos durante cuanto tiempo permaneció en aquel lugar, pero aún quedaban recuerdos de su presencia en tiempos de Varrón. Para los

La "Cerda Laurentina" y sus lechones, grupo de mármol (siglo II d.C.) procedente de Lavinium, que conmemora su fundación legendaria por Eneas.

Momento de la llegada de Eneas al futuro emplazamiento de Roma (Virgilio, Eneida, libro VIII), tal como la imaginó en 1675 Claudio de Lorena, quien ilustró muchos episodios de la Eneida.

romanos, sin embargo, la cerda mostró a Eneas el camino hacia su ciudad madre, Alba Longa, y también encontraron en ella una justificación para su tradicional hegemonía sobre el resto del Lacio.

Las dos profecías, la de la cerda y la de las mesas, se cumplieron puntualmente. Tras su visita a la Sibila Cumana en el sur de Italia, los troyanos navegaron hacia el norte y en la desembocadura del Tíber descendieron a tierra para comer en la orilla; estaban tan hambrientos que, después de agotar todos los alimentos de que disponían, comenzaron a comer también las delgadas obleas de pan que (inspirados por Júpiter) habían usado como platos. "¿Qué pasa, estamos comiéndonos las mesas?", dijo el hijo de Eneas.

Todos los romanos tomaron esto como un presagio. Eneas comprendió que la profecía se había cumplido, y él y sus hombres se dirigieron ante el rey de aquellas tierras, Latino, que recibió a Eneas como a un yerno predestinado, pues su padre, el dios Fauno, acababa de predecirle que su hija casaría con un extranjero. Pero sin embargo, esto acarreó a Eneas las guerras y preocupaciones que también le habían sido profetizadas, pues Turno, el príncipe de los Rútulos, pretendía a Lavinia, contando para ello con el apoyo de la reina. Juno intervino, enviando a una Furia para que la reina incitara a Turno y a los latinos contra Eneas, y la guerra estalló.

20

En sueños, el padre Tíber se apareció a Eneas y le dijo: "Este será tu hogar, a él pertenecen tus dioses", y repitió el presagio de la cerda y sus lechones, añadiendo que treinta años después Ascanio fundaría una ciudad, Alba. Mientras tanto, para hacer frente a sus problemas actuales, tuvo que ir a solicitar ayuda del rey Evandro, un griego de la Arcadia asentado entonces en Italia.

Eneas equipó dos naves y, cuando iban a partir, reconoció el presagio de la cerda blanca. Eneas la sacrificó a ella y a sus lechones a Juno, y después que remontaron el Tíber aguas arriba hasta llegar junto a Evandro, su hijo Pallante y los principales arcades hicieron sacrificios a Hércules. Recibió regiamente a Eneas, recordando —así lo cuenta Virgilio— la manera en que Anquises había visitado una vez la Arcadia con Príamo. Y fue así —pues el palacio de Evandro se encontraba en lo alto del monte que los romanos llamaron Palatino— como Eneas llegó a Roma.

Roma antes de Eneas

Evandro era hijo de una ninfa griega Themis, a quien los romanos llamaban Carmenta, porque, según se decía, "Thespiodis" significaba en griego "cantante de oráculos" y *carmina* es la palabra latina para "canciones". Él y sus compañeros emigraron de Grecia seis años antes de que se iniciara la Guerra de Troya y a la ciudad que fundaron la llamaron Pallantium, como su ciudad-madre en la Arcadia, pero los romanos corrompieron su nombre en Palatium. De él, como de Hércules, se dice que fue el fundador de los Lupercales.

Aunque vivió sobre el emplazamiento de la futura Roma, Evandro no fue el fundador de la ciudad, sólo de una ciudadela, el Palatino (a la que no se alude en la leyenda de la fundación de Rómulo). En el camino hacia la ciudad le mostró a Eneas varios lugares de interés, como la puerta y la capilla del Carmental, la roca Tarpeya, el Capitolio (un áspero bosque aún, donde se pensaba que vivía un dios), el Lupercal, el Janículo y Saturnia (ciudadelas fundadas respectivamente por Jano y Saturno) y el Argileto —lugares todos ellos cuyos nombres resultan evocadores para un romano—.

En la Roma histórica, el Argileto era el barrio de los libreros (quizá por eso Virgilio esté haciendo una broma disimulada). El nombre significa simplemente "campo de arcilla", pero aquí hay una leyenda, porque era "donde Argos murió". También encontramos aquí a Tarpeya y su roca: tuvo un mal final. Cuenta Evandro que el Lupercal, la "cueva del lobo", se llamó así por el dios de la Arcadia Pan Liceo (había un monte Lykaios en Arcadia): la mención a Pan Liceo da mucho juego; el rey Evandro mismo no es más que una invención literaria de aquellos escritores que querían encontrar vínculos entre la tradición griega y la romana. Evandro era el nombre de una divinidad menor asociada a Pan en la Arcadia, y, según Livio y Tácito, fue quien introdujo la escritura en Italia (y, después de todo, él era un inmigrante entre los aborígenes itálicos).

Carmenta es también una figura oscura. Aunque tenía un sacerdote propio, una capilla cerca de una de las puertas de Roma (conocida con su nombre) y una fiesta en enero que duraba dos días, carecía de una historia propia, como la mayor parte de las divinidades romanas. Algunos la consideraban la madre de Evandro, otros su mujer, y a causa de su nombre, los escritores dijeron que era adivina y que hizo profecías sobre la futura grandeza de Roma. Ovidio, sin embargo, se inventa alegremente una historia diferente a partir de una etimología falsa, para identificar su culto con el de los nacimientos, y Varrón dice que había dos Carmentas según cual fuera la posición en que se presentara el niño, Postvorta (si venía de nalgas) y Prorsa (si se presentaba normal). Ésta es la historia según Ovidio:

"Antiguamente las matronas solían ir en *carpenta,* unos carricoches que, en mi opinión, tomaron su nombre de la madre de Evandro. Más tarde se les suprimió este privilegio, y entonces todas las matronas decidieron que sus ingratos maridos no perpetuaran su linaje con ningún tipo de descendencia. Para no dar a luz, las temerarias mujeres, con un golpe, expulsaban el peso que crecía en sus entrañas. Según cuentan, los senadores castigaron a las esposas que se atrevieron a realizar semejantes crueldades, pero al mismo tiempo les restituyeron a las mujeres el privilegio que les habían suprimido. Ordenaron también que se celebraran dos rituales paralelos en honor de la madre Tegea (Tegea está en la Arcadia), uno por el nacimiento de los niños y otro por el de las niñas. No está permitido introducir cuero en aquel santuario, para que no profanen su puro hogar objetos hechos con la piel de animales muertos. Si te gustan los ritos ancestrales, sitúate junto a quien pronuncia la plegaria y podrás oír nombres que antes te resultaban desconocidos: se trata de propiciar a Porrima y a Postvorta, hermanas tuyas o quizás compañeras de tu destierro, diosa del Menalo (otra referencia a la Arcadia). Se cree que la primera cantaba proféticamente lo que ya había sucedido *(porro);* la segunda, lo que se produciría en el futuro *(postmodo)."*

Realmente aquí hay una pequeña historia, aunque no tiene nada que ver con Carmenta. Se dice que en el 394 a.C., tras la conquista de Veii, las matronas romanas contribuyeron con el oro de sus joyas para ofrecer a Apolo un exvoto de acción de gracias en Delfos, y, como recompensa, se les concedió el privilegio de utilizar siempre *carpentas.* Una ley suntuaria de emergencia, pro-

Un carpentum *tirado por mulas; la medalla conmemora la concesión de este honor a Julia Augusta (nombre que recibió después de su muerte Livia, la mujer de Augusto) en el año 22 d.C.*

mulgada en el 215 a.C., durante la guerra con Aníbal, prohibió el uso de este tipo de carruajes salvo para las ceremonias religiosas; la ley fue revocada veinte años más tarde, y las matronas se manifestaron en las calles para manifestar su apoyo a esta revocación. Mucho después, Julio César intentó solucionar los problemas del tráfico en Roma prohibiendo la utilización de *carpenta* a todo el mundo, salvo a las vírgenes vestales y a los sacerdotes más importantes.

Eneas y Cartago

El libro sexto de la *Eneida* está dedicado a narrar los viajes por el mundo Mediterráneo que Eneas se vio obligado a hacer antes de su llegada definitiva a Italia, siguiendo los dictados de oráculos, profecías y visiones que recibía durante el sueño; de esta manera Virgilio consigue hacerle vivir unas aventuras fantásticas y maravillosas, como las narradas por Homero en la *Odisea*, e incorporar al mismo tiempo distintas referencias a la mitología griega. Aunque al principio del poema Virgilio deja ya muy claro que Eneas *llegará* a Italia, y que está relatando los primeros acontecimientos de una larga cadena que culminarían con la fundación de Alba Longa y después de la propia Roma, el poeta mantiene la tensión dramática con el acoso y hostigamiento continuo

Venus, disfrazada de cazadora, se encuentra con Eneas en las proximidades de Cartago, según un dibujo de Claudio de Lorena (1678).

a que le tuvo sometido la diosa Juno; y no sólo durante sus travesías marítimas, pues, como ya sabemos, incluso después de arribar a Italia y casarse con la hija del rey Latino, tuvo que enfrentarse a la guerra que le declararon los pueblos de aquellas tierras.

Juno sentía un odio implacable contra los troyanos por dos razones distintas. Una de ellas era por resentimiento contra la madre de Eneas, Venus, a quien, en un concurso de belleza celebrado entre las diosas, el príncipe troyano Paris otorgó el premio, en vez de concedérselo a ella. Y a esta razón, Virgilio añade una segunda, extraída de la historia de Roma: la parcialidad de Juno hacia Cartago, contra quien los romanos sostuvieron tres grandes guerras (las Guerras Púnicas) entre el 264 y el 146 a.C. Aunque, por supuesto, fueron los fenicios quienes fundaron Cartago, y no lo hicieron en la época de la Guerra de Troya sino cerca de cuatrocientos años después, como la propia Roma, Virgilio sitúa la primera fundación de la ciudad en el momento en que se produce el desembarco de Eneas en las costas de Túnez. Su madre, Venus, disfrazada de cazadora, se aparece ante él y le habla sobre esta nueva ciudad y sobre su reina.

Su nombre era Dido, y su marido, Sicaeo, había sido asesinado por el hermano de ella, Pigmalión, príncipe de Tiro. En el curso de un sueño, el espectro de su esposo le contó lo que había pasado, urgiéndola a que escapara, y le dijo también dónde podía encontrar un tesoro escondido que debía llevar con ella. Ella reunió a un grupo de ciudadanos contrarios al tirano, embarcaron en algunos de los barcos fondeados en el puerto, y pusieron rumbo hacia África, donde fundaron su nueva ciudad, Cartago, en la época en que tuvo lugar la llegada de Eneas.

Para garantizar la seguridad de su hijo, Venus hizo que Dido se enamorase de él, con la aquiescencia de Juno que esperaba que Eneas se quedara en Cartago y no llevara a cabo la misión a que estaba destinado, la de fundar Roma. Sin embargo, el destino no puede cambiarse, y Júpiter envió a su mensajero, Mercurio, para que recordara a Eneas sus obligaciones con la posteridad y que debía partir. Se produjo una terrible escena entre Eneas y Dido, que le cubrió de reproches; sin embargo Eneas la abandonó y ella, antes de darse muerte, profirió una terrible profecía contra él y sus descendientes:

"Vosotros, Tirios, cebad vuestro odio en toda su estirpe y en la raza que de ella ha de nacer y ofreced este presente a mis cenizas. Que no se establezca entre nuestros pueblos ninguna amistad, ningún pacto. Que de mis huesos nazca un vengador, cualquiera que sea y que persiga con fuego y espada a los Troyanos ahora, después y siempre que se encuentre con fuerzas para ello. Deseo que vuestras playas sean enemigas de sus playas, vuestras olas de sus olas, vuestras armas de sus armas. Que luchen nuestros pueblos y sus descendientes."

¿Quería también Virgilio —y es una cuestión que se ha planteado en ocasiones— que sus contemporáneos se acordaran de otra reina extranjera, Cleopatra, la amante de Marco Antonio, que, pocos años antes, había estado en guerra contra Roma? En la *Eneida* sólo se alude a ella de forma muy breve y con poca simpatía en la descripción del escudo fabricado por Vulcano, cuando se la presenta, rodeada por los dioses de sus país, dándose a la fuga tras la batalla de Actium. Actium había sido una victoria fácil.

Fueran cuales fueran las intenciones de Virgilio, lo que casi todo el mundo sabe o recuerda de la *Eneida* es el trágico destino de Dido, no el destino providencial de Roma que culminaría en Augusto. En los poemas de Ovidio, Dido aparece con frecuencia, simbolizando a la amante abandonada; en las *Heroidas*, una correspondencia imaginaria de heroínas famosas, la número siete es una escrita por Dido a Eneas. Chaucer la incluyó, llamándola "Dido la mártir" en su *Legend of Good Women*, cuyas fuentes de inspiración —él mismo lo confiesa— eran Virgilio y Ovidio; y termina haciendo una referencia al poema de Ovidio:

> "Dijo ella: 'Igual que el blanco cisne
> comienza a cantar justo antes de morir,
> de la misma manera dirijo a tí mi queja,
> no es que crea que voy a recuperarte
> porque yo ya sé que todo es en vano,
> ya que la diosa está contra mí.
> Pero ya que mi nombre no existe para ti'—dijo ella—,
> 'yo bien puedo gastar una palabra en ti, o una carta,
> aunque yo nunca sea la elegida;
> porque el viento que se llevó tu barco,
> ese mismo viento se llevó también tus promesas."

Y por si alguno quiere conocer el resto de la carta, añade: "Lee a Ovidio, y allí podrás encontrarlo".

Christopher Marlowe escribió una pomposa tragedia sobre ella, Henry Purcell una ópera, o, más bien, un ballet operístico; y Hector Berlioz dedicó a Dido y Eneas tres de los cinco actos de su gran ópera *Las troyanas*.

No podemos decir cuanto hay de invención en el relato de Virgilio. Timeo cuenta que Dido, aún de luto por la muerte de su marido, se suicidó por haberse visto obligada a casarse con un rey Libio. Nevio, que en el siglo III a.C. escribió una epopeya latina sobre la primera Guerra Púnica, menciona a Eneas, pero a la luz de los escasos fragmentos que se han conservado resulta imposible saber si, según él, estuvo en Cartago. Varrón, en sus perdidas *Antigüedades* dice que Ana, la hermana de Dido, no Dido, fue quien se suicidó por el amor de Eneas. Sin embargo, quien conquistó el corazón del mundo fue el intenso relato que hizo Virgilio de la trágica historia de amor de Dido.

La *Eneida* y Augusto: la leyenda hasta hoy

Sin embargo, lo principal es su condición de mito patriótico. Al principio del poema, con ecos de la *Odisea* de Homero, Virgilio presenta a Eneas como un hombre que debe cumplir una misión:

"Arma virumque cano — Canto las hazañas y al héroe que, conducido al exilio por culpa del destino, fue el primero en llegar desde las costas de Troya a Italia y a las orillas del Lavinio.

Zarandeado durante mucho tiempo, por tierra y por mar, por la cólera siempre viva de la cruel Juno, padeció las penalidades de la guerra, hasta que pudo fundar una ciudad e introducir sus dioses en el Lacio. De allí surgieron la raza latina, los fundadores de Alba, y los altivos muros de Roma."

En tres ocasiones alude Virgilio al destino futuro de Roma en su *Eneida*. En el libro primero Júpiter pronuncia una profecía para apaciguar los temores de Venus. Eneas morirá tres años después de haber sostenido una guerra victoriosa en el Lacio y haber establecido a sus guerreros.

"El pequeño Ascanio, a quien ahora dan el sobrenombre de Julo —era Ilo mientras subsistió el reino de Ilión (Troya)— se mantendrá en el poder hasta que los meses, siguiendo su curso, hayan completado los círculos que corresponden a treinta años, trasladará su reino de la sede de Lavinio y fortificará Alba Longa con poderosas murallas. A partir de este momento la estirpe de Héctor reinará en esta ciudad durante trescientos años completos hasta que una sacerdotisa fecundada por Marte, Ilia, traiga a la vida a dos gemelos. Rómulo, orgulloso de llevar la rojiza piel de una zorra, su nodriza, se hará cargo del reino, levantará las murallas de Marte y dará a los romanos su propio nombre. A éstos no les pongo ni límite de espacio, ni de tiempo: les he dado un imperio sin fin... En el transcurso de los años, llegará un tiempo en que la casa de Asácaro (el mítico abuelo de Eneas) someterá a esclavitud a Ptía, reinará sobre la ilustre Micenas vencida, conquistará Argos, y reinará allí (de los descendientes de los Troyanos saldrán los vencedores de los griegos). Nacerá un césar troyano de noble estirpe, cuyo imperio se extenderá hasta el océano y su gloria hasta las estrellas, Julio, que heredará su nombre del gran Julo. Con el tiempo tú, sin ningún temor, le recibirás en el cielo cargado con los despojos del Oriente; también él será invocado con súplicas. Después, abandonando las guerras, las generaciones feroces se humanizarán, la sagrada Fe y Vesta, y Remo con su hermano Quirino dictarán leyes; se cerrarán las funestas puertas del templo de la Guerra con sólidas cerraduras de hierro; el impío Furor, sentado sobre las armas criminales y con las manos atadas a la espalda por cien nudos de bronce, bramará con violencia con su boca ensangrentada."

Otra alusión, a la que ya nos hemos referido, se encuentra en la descripción del escudo en el libro octavo; y antes, lo esencial de la profecía de Júpiter se repite en el libro sexto. Tras abandonar a Dido, Eneas se dirige, en primer lugar, a Sicilia, y después, por fin, toca tierra en Italia, cerca de Cumas, donde se encontraba la entrada al mundo subterráneo. Guiado por la Sibila de Cumas, penetrará en él para visitar a su difunto padre que le mostró en una visión la futura grandeza de Roma: primero a los reyes de Alba Longa, fundada por el hijo de Eneas; después a los héroes famosos de la República Romana, y entre ellos, el fundador de Roma, Rómulo, y su "segundo fundador", Augusto. Gracias a la primera fundación de Rómulo, Roma pudo hacerse grande y poderosa. Cerca de Rómulo está Augusto César.

"Aquí, aquí está el héroe que tantas veces se te ha anunciado, Augusto César, hijo de uno que fue convertido en dios, que inaugurará una nueva edad de oro sobre los campos del Lacio, donde antaño reinó Saturno, y que extenderá su imperio más allá de los Garamantes y los Indos, donde la tierra se extiende libre de la influencia de las constelaciones y fuera del camino del sol, donde Atlas, el que sostiene el cielo, hace girar sobre sus hombros la bóveda celeste salpicada de brillantes estrellas. Por las profecías de los dioses, ante su llegada tiemblan ya los Caspios y los Meotes, y se turban, temblorosas, las bocas del Nilo de siete brazos. Ni siquiera Hércules, que hirió a la cierva de pies de bronce, pacificó los bosques de Erimanto, hizo temblar a Lerna con su arco, recorrió una extensión tan grande de tierra; ni el victorioso Baco que, guiando su carro con riendas de pámpanos, hace descender a sus tigres desde la elevada cima del Nisa."

Camafeo con la cabeza de Augusto deificado.

A Augusto se le compara con dos dioses, los dos últimos en llegar al Olimpo y, los dos, nacidos de las relaciones de Zeus con mujeres mortales (también Rómulo tenía un padre divino). Además, Hércules, en la mitología griega, había sido deificado como benefactor de la humanidad por haber limpiado el mundo de muchos monstruos. Y otros poetas contemporáneos como Horacio, le dedicaron comparaciones similares. Con ello se quería señalar que Augusto —si aún no era dios— llegaría a serlo.

Adulación poética, quizá, pero justificada por la propaganda oficial: a Augusto se le llamó "hijo del convertido en dios"; el linaje de Julio César se proclamaba, tradicionalmente, descendiente de Venus y Julo, el hijo de Eneas. Augusto, que en realidad no era más que un sobrino nieto de Julio César (por vía materna), heredó la hacienda de César después de que éste fuera asesinado. Tomó su nombre —de ser C. Octavio pasó a ser C. Julio César ("augusto" fue un sobrenombre honorífico que recibió más tarde)— y se autoproclamó hijo suyo. Tras la aparición de un cometa en el curso de unos juegos conmemorativos, se declaró dios a Julio César, y su "hijo", por tanto, se llamó a sí mismo "el hijo del deificado" —como más tarde veremos, según una tradición, Rómulo también subió a los cielos—; tras su deificación a las imágenes de Julio César se les puso una corona con rayos como los del sol. Cuando murió Augusto, un anciano senador juraba que, tras la cremación del cadáver, había visto la figura del emperador ascendiendo al cielo; fue declarado dios oficialmente y se dotó a sus imágenes de la corona de rayos.◻

Los padres fundadores: Rómulo y los reyes de Roma

De la misma manera que la historia más famosa sobre Eneas y su llegada a Italia es la de Virgilio, el relato más conocido sobre la fundación de Roma es el que cuenta Livio. Cuando él escribía hacía mucho tiempo ya que, en sus detalles esenciales, aquella historia se había aceptado como la "canónica", aunque los escritores griegos y romanos anteriores habían relatado muchas otras diferentes, de las que no ha llegado nada hasta nosotros, salvo los nombres y el linaje de los fundadores. La más ingeniosa de estas historias es aquella según la cual el Palatino se conocía originalmente como Valentia a causa de la fortaleza física de sus primitivos habitantes (*valere* significa en latín ser fuerte y vigoroso), y cuando llegaron Evandro y Eneas, simplemente se limitaron a traducir aquel nombre al griego, llamándole "Rhoma".

En las versiones más tempranas el fundador es el propio Eneas, y si no es él, es Rhomus o Rhoma (el femenino), ocasionalmente Rómulo (sin Remo), y a Rhomus/Rhoma/Romulus se le consideraba hijo de Zeus, o camarada, esposa, hija o nieta de Eneas, o hijo de Ulises, o de Latino, o de "Italo". Cuando las fuentes literarias empiezan a referirse a Rómulo y Remo (o Romus) como hijos o nietos de Eneas es en el siglo IV a.C., aunque haya al respecto una tradición oral mucho más antigua.

Rómulo, Remo y la fundación de Roma

El hijo de Eneas fundó Alba Longa, y todos los reyes de su linaje recibieron el sobrenombre de "Silvio" por su hijo Silvio. El onceavo rey de la dinastía, Proca, tuvo dos hijos, Numitor y Amulio. Amulio usurpó el trono de su hermano mayor, asesinó a sus hijos varones y obligó a su hija, Rhea Silvia, a hacerse virgen vestal, para que Numitor no pudiera tener descendientes masculinos. Sin embargo, Rhea Silvia fue violada y dio a luz dos hijos gemelos, cuyo padre se decía que era Marte; quizá porque así lo creía realmente ella, o quizá porque se consideraba menos ultrajada si el responsable de su desliz era un dios. El cruel Amulio la encerró en una prisión, encadenada, y ordenó que sus hijos fueran arrojados al río.

El sicario no hizo bien su trabajo, y los niños quedaron flotando en una cesta a la deriva de la corriente hasta que encallaron, bajo la higuera Ruminal (en la antigua Roma había tres árboles que se consideraban el *árbol*), donde los encontró una loba, que les amamantó. Más tarde un pastor, Fáustulo, los llevó a su casa

para que los criara su mujer, Larentia. Según algunas versiones de la historia se trataría de una vulgar prostituta (*lupa*, en argot latino, que también significa loba), y sería de esta manera como la loba entró a formar parte de la historia.

Plutarco cuenta una historia diferente. En el palacio de Tarquecio, el rey de los Albanos, el más cruel e injusto de los hombres, se produjo un fenómeno sobrenatural: un falo creció de la tierra y permaneció allí durante varios días. Consultó el oráculo de Tetis en Etruria, y se le dijo que una doncella tenía que copular con la aparición, y que de aquella relación nacería un hijo que llegaría a ser el más famoso de los hombres por su valor, y que les superaría a todos en buena fortuna y fuerza. Tarquecio le refirió la profecía a una de sus hijas y le ordenó mantener relaciones sexuales con la aparición, pero ella sintió aquello como algo contrario a su dignidad y envió en su lugar a una de sus sirvientas. Tarquecio se enfureció, detuvo a las dos mujeres e intentó matarlas, pero la diosa de la tierra se le apareció durante el sueño y le prohibió cometer aquel asesinato. Las mantuvo en prisión y les ordenó tejer una tela, diciéndoles que cuando la terminaran las entregaría en matrimonio; ellas tejían durante el día, pero durante la noche otras mujeres, obedeciendo órdenes de Tarquecio, deshacían lo que habían tejido. Cuando la sirvienta, a la que el falo había dejado embarazada, parió un par de gemelos, Tarquecio se los entregó a un tal Teracio para que los matara, pero él los llevó a la orilla del río y los dejó abandonados. Allí les amamantó una loba, y los pájaros les llevaban comida y se la ponían en la boca, hasta que, finalmente, les encontró un boyero que los recogió y llevó a su casa. Cuando crecieron, destronaron al malvado rey.

Según la versión de Livio, cuando los nietos de Númitor se hicieron mayores, formaron una banda que robaba a los salteadores y repartía su botín entre los pastores. Hartos de esta situación, los salteadores le tendieron una emboscada a Remo durante las fiestas de las Lupercales, le hicieron prisionero, y le dijeron a Amulio que Rómulo y él eran los culpables de los robos de ganado que ocurrían en el territorio de Númitor. Remo fue conducido ante Númitor para que recibiera su castigo.

El momento era crítico. Fáustulo reveló las circunstancias en que había encontrado a los dos niños, Númitor hizo sus cálculos y reconoció a los dos jóvenes. Junto con los otros boyeros atacaron el palacio y mataron a Amulio, mientras que Númitor se apoderaba de la ciudadela y volvía a proclamarse su rey.

Alba comenzaba a estar superpoblada, por lo que los dos hermanos decidieron fundar una nueva ciudad cerca del lugar en el que habían sido abandonados para que se ahogaran. Víctimas de las mismas rencillas que habían sido objeto de disputas para la generación de sus abuelos, discutieron sobre cuál de ellos debía ser el fundador oficial que diera su nombre a la ciudad y pidieron a los dioses locales que resolvieran su disputa mediante un augurio (es decir, que se manifestaran a través de una señal visible en el vuelo de los pájaros). Rómulo se colocó en lo alto del monte Palatino y Remo en el Aventino. Remo recibió la primera señal: seis buitres; después aparecieron

En la página opuesta: Personificación de Roma; adorno de un mueble hecho en plata, con un baño de oro (siglo IV d.C.).

Marte, acompañado por cupidos, descendiendo sobre Rhea Silvia; mango de una patena de plata.

doce sobre Rómulo. Sus respectivos partidarios proclamaron rey a cada uno de ellos: a Remo porque había sido el primero en ver las aves y a Rómulo porque había visto más; lucharon entre ellos y en el curso de la pelea Remo murió.

Sin embargo también se cuenta otra historia, más común, según la cual Remo, para burlarse de su hermano, saltó sobre los muros aún a medio construir; Rómulo perdió los nervios y le mató, diciendo: "Muera así cualquier otro que intente franquear mis muros".

La historia de la tradición

Claramente, se trata de dos tradiciones diferentes sobre la fundación de Roma; una, la tradición griega, implica a Eneas; la otra, la latina (con una variante etrusca), a Rómulo y Remo. Circunstancialmente se mezclaron ambas tradiciones, y más adelante invenciones, significativamente carentes de precisiones, para intentar rellenar el abismo que la verosimilitud cronológica había hecho necesario. La arqueología desmiente la historia según la cual Roma era una colonia fundada cinco generaciones después de Alba Longa, pues los hallazgos más antiguos en ambos lugares son del mismo período. Como hemos visto, la tradición griega se remonta al menos al siglo v a.C.; la versión "canónica", en la que se combinan las dos, aparece más tarde en el tiempo, hacia finales del siglo III, en Fabio Pictor y, antes de él, en un escritor griego, Diocles de Pepareto.

Sin embargo, aún se discute sobre cuándo surge la tradición autóctona de los gemelos, y por qué. ¿Se trataba de una leyenda tradicional, o una invención literaria tardía?

Ésta es una cuestión a la que resulta más difícil responder de lo que parece, pues muchos elementos de la historia parecen componentes míticos tradicionales del mito griego que nosotros conocemos perfectamente, y podrían resultar, en la versión romana, producto de una invención literaria griega: la violación de una doncella por un dios; el intento por parte de un rey de prevenir una amenaza contra su trono, poniendo en peligro a un niño; el rescate y la crianza de éste en circunstancias humildes, e incluso quizá también, la existencia de los gemelos y el fratricidio.

Esto no quiere decir que lo esencial de la historia, la identidad del fundador, no sea algo autóctono y antiguo. La vinculación con Eneas, y también su conexión con Lavinio, se encuentra en los hallazgos arqueológicos etruscos y en los textos griegos. Sin embargo, la tradición "latina" le vincula con Alba Longa, que en tiempos históricos aún era, de una manera indirecta, una especie de "capital religiosa" para todo el Lacio. Una de las obligaciones anuales de los cónsules romanos era celebrar la fiesta latina en el Monte Albano, parte de su territorio original. Roma se consideraba a sí misma una ciudad latina, y la época en que se encontró bajo el poder de los reyes etruscos se sentía como un episodio lamentable de su historia antigua. Más tarde, Roma conquistó Etruria.

Rómulo, pues, era un fundador "latino", de Alba Longa. ¿Cuándo y por qué se le dio un gemelo, si con un solo fundador era suficiente? Recientemente se han dado varias explicaciones: se dice que los gemelos proceden del mito indoeuropeo, o de la institución romana del consulado doble, o que tienen su origen en dos pueblos distintos que, en tiempos remotos, habitaron en el Palatino y en el Quirinal, y también se les han encontrado paralelos con Caín y Abel. Una hipótesis reciente es la de que Remo se introdujo en la historia bastante tarde, y por razones de índole política, en tiempos de los romanos.

La invención de los gemelos

La imagen más antigua conocida en la que aparece la loba dando de mamar a los gemelos se encuentra grabada en el dorso de un espejo de bronce de finales del siglo IV a.C. En el año 296 a.C. la ciudad de Roma decidió erigir un monumento público. Los plebeyos hermanos Neo y Quinto Ogulnio, magistrados en aquel año, consiguieron condenar a varios prestamistas, y utilizaron parte del tesoro de las propiedades que les confiscaron para adornar el altar de Júpiter y el vecino templo de Marte en el Capitolio, levantando, junto a la famosa higuera que se encontraba cerca del Palatino, la Higuera Ruminal, una estatua de la loba amamantando a los niños. Un cuarto de siglo más tarde, esa imagen empezó a aparecer en las monedas.

Fáustulo, la loba, los gemelos y la higuera: moneda del año 140 a.C. (el nombre del acuñador era Sex. Pompeyo Fostlo).

Ahora, entre el 367 y el 296 a.C. el gobierno de Roma sufrió un cambio, al que no fueron ajenos los Ogulnios, a consecuencia del cual se produjo una división del poder entre los dos grupos que formaban el cuerpo de los ciudadanos romanos, los patricios (la vieja aristocracia) y los plebeyos. Y se ha sugerido que fue entonces cuando se produjo la entrada de Remo, cuyo nombre en latín se asocia con cachaza, en la leyenda para simbolizar el acceso de los plebeyos romanos al poder político romano. Pero ¿por qué matarlo?

En este terreno, la arqueología puede ayudarnos. En el año 295 a.C. los romanos vencieron en Sentinum a dos de sus más terribles enemigos, los Samnitas y los Gálatas. El cónsul plebeyo Publio Decio Mus alcanzó la victoria ofreciéndose él mismo, de manera voluntaria, a los dioses, y resultando muerto—. a manos del enemigo. En lo alto del Palatino existía un templo de la Victoria, dedicado un año después de la batalla, y bajo cuyos cimientos se encontraba una sepultura reciente —probablemente consecuencia de un sacrificio humano. La muerte de Remo puede verse como una combinación, legendaria, entre estos sacrificios realizados para la salvación de la ciudad. Justamente un año después se dedicaba otro templo a Rómulo, bajo la advocación de Quirino (un título que se daba también a Jano, Marte, Júpiter y Hércules).

Remo murió y el superviviente se convirtió en un dios; de esta manera los dos quedaban separados de lo político. Quizá la creación del mito era una forma de hacer más sólida la reconciliación entre los patricios y los plebeyos.

Todo esto, por supuesto, son hipótesis modernas sobre cómo se fue gestando el mito de la fundación de Roma, pero en ellas se podrían encontrar algunas cosas exactas. "Quirites" era el nombre que se daban los romanos a sí mismos como ciudadanos, y Rómulo-Quirino podría considerarse como protector de la paz y el pueblo romanos. Plinio el Viejo (siglo I. d.C.) escribió que, antiguamente, en el exterior del templo de Quirino había dos mirtos, uno plebeyo y el otro patricio; el árbol patricio florecía mientras el Senado dominaba el gobierno de Roma, pero después éste se secó y floreció el árbol plebeyo, lo que tuvo lugar en la época de la Guerra Mársica, o sea, en el 91-90 a.C. Durante los sesenta años que siguieron a esta guerra, hasta la batalla de Actium, tuvo lugar una larga serie de conflictos políticos, que en más de una ocasión se acabaron convirtiendo en guerras civiles.

Los lugares de la leyenda

Fueran cuales fueran sus antepasados, los romanos de época clásica "sabían" que la historia auténtica sobre sus orígenes era la de los gemelos y la loba; y tenían pruebas sobre el propio terreno que lo demostraban: en una de las laderas del Palatino se encontraba la cueva de la loba (Lupercal). Según la tradición griega era el altar del arcade Pan Liceo (Pan lupino), pero para los romanos el nombre venía de la famosa loba, y que era allí donde el sacerdote ofrecía sacrificios en las fiestas de las Lupercales.

Cerca se encontraba la higuera, el Ficus Ruminalis —*Ruma* o *rumis* eran las palabras que se utilizaban en latín antiguo para el pecho—, y allí moraba Rumina, la diosa de las madres lactantes, y naturalmente bajo la higuera, y su jugo lechoso, se encubría la loba nodriza y los gemelos. En tiempos de Ovidio ya sólo subsistían en el Palatino algunos restos de aquel árbol. Sin embargo, para complicar las cosas, había otro Ficus Ruminalis cerca del Foro Romano (que se secó el año 59 a.C. y rebrotó más tarde), pero podía encontrarse para ello una explicación sencilla. Este había crecido junto a una roca (probablemente un meteorito) que se consideraba sagrada y su nombre correcto era el de la "Higuera de Navio". Tras la victoria contra los Sabinos, Tarquinio primero, el quinto rey de Roma, decidió alterar la primitiva estructura de la caballería, que databa de tiempos de Rómulo, añadiéndole nuevas unidades bautizadas con su propio nombre, algo que no debía hacerse, según un famoso augur, Actio Navio, sin consultar previamente los augurios para conocer la voluntad de los dioses. Tarquinio se enfadó y dijo en son de burla: "Consúltale a los dioses, profeta, si es posible hacer lo que yo estoy pensando ahora mismo". Actio consultó los augurios y dijo que era posible. "Bien, —dijo Tarquinio—, lo que yo estaba pensando era que si tú podrías

Esta urna funeraria de terracota (siglos VIII- VII a.C.), procedente del Monte Albano y realizada con forma de cabaña rústica, puede darnos una idea del aspecto que tendría la "choza de Rómulo".

cortar una piedra de afilar con una navaja. Cójelas, y haz lo que que tus pájaros han profetizado como posible". Y, sin mayores dificultades, Actio lo hizo.

En aquel lugar, junto a las escaleras del Senado se erigió una estatua en honor de Actio, y también se colocó allí la piedra. Tarquinio abandonó la idea de su reforma (aunque aumentó el número de los jinetes), y desde aquel momento los romanos no emprendieron nunca nada que fuera importante para la nación sin consultar previamente los augurios, y siempre abandonaron sus proyectos si el vuelo de los pájaros no les era favorable. Y por lo que respecta a la higuera, hay quien dice que *era* el Ficus Ruminalis, que Actio, gracias a sus habilidades especiales, había transplantado al Foro.

En tiempos de Augusto aún se encontraba en el monte Palatino una "choza de Rómulo", que se consideraba la auténtica cabaña de Fáustulo, donde transcurrió la infancia de Rómulo y desde donde él había consultado el augurio. Estaba hecha a base de palos y cañas, con techo de paja, y su sorprendente perdurabilidad a través de los siglos se debía a que los romanos la restauraban continuamente reparando los daños provocados por el paso de los años y las inclemencias del tiempo.

Rómulo consigue novias para los romanos

Rómulo fundó una ciudad, haciendo su perímetro lo suficientemente grande como para permitir su crecimiento; erigió un santuario para ofrecer asilo y atrajo a un buen número de refugiados procedentes de los pueblos vecinos. Sin embargo, había resuelto el problema sólo para una generación; había que pensar en el futuro. Envió mensajeros a todas las ciudades vecinas buscando alianzas e intercambios matrimoniales entre sus pueblos respectivos, pero todas ellas rechazaron su propuesta, diciendo a sus emisarios que erigieran un santuario para desterradas, si es que tenían necesidad de mujeres. Algo había que hacer, porque los jóvenes romanos se encontraban inquietos y encolerizados, así que Rómulo tramó un plan.

Organizó una fiesta en honor del dios Consus e invitó a sus vecinos. Éstos tenían curiosidad por ver la nueva ciudad, y especialmente los Sabinos, que acudieron en masa, llevando a sus mujeres e hijos. Los romanos les agasajaron en sus casas, les invitaron a visitar la ciudad y después dieron comienzo los juegos. Cuando los forasteros se encontraban distraídos, se dio la señal, y los jóvenes romanos raptaron a las jóvenes y se las llevaron con ellos. La mayor parte de ellos cogieron la primera que pillaron, pero, naturalmente, los miembros de la aristocracia habían elegido de antemano a las muchachas más bonitas y sus criados las cogieron para ellos.

Una de las más guapas de todas había sido tomada para un noble llamado Talasio, y cuando alguno de la plebe preguntaba que para quien era, sus raptores, para mantenerlos alejados, gritaban que "Para Talasio", y por eso es por lo que, en las bodas, los romanos gritan "Talasio". Ahora bien, el historiador griego Plutarco, piensa si esto podría derivar de la palabra griega "hilar" (o sea, si los romanos tomaron esta palabra), porque una vez que los romanos y los sabinos hicieron las paces, acordaron que, salvo hilar, sus mujeres no harían ningún otro trabajo para sus maridos (más tarde se bromeaba con esto, como si fuera lo único que eran capaces de hacer las mujeres). Y aún las novias cruzan el umbral de la casa en brazos, porque así *lo hicieron* las sabinas, pues no lo traspasaron por su propia voluntad.

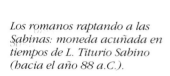

Los romanos raptando a las Sabinas: moneda acuñada en tiempos de L. Titurio Sabino (hacia el año 88 a.C.).

Los romanos, no obstante, se comportaron como caballeros. Rómulo aseguró a las jóvenes que serían convenientemente desposadas y honorablemente tratadas; sin embargo, lo que finalmente acabó de conquistarlas fue que les aseguraron que habían actuado en un arranque de amor pasional. Quienes no se quedaron contentos, en cambio, fueron los padres. Los sabinos, bajo el mando de su rey Tito Tacio, sitiaron Roma y gracias a la traición de una joven romana, Tarpeya, conquistaron la ciudadela. Romanos y sabinos entablaron combate en el terreno pantanoso que separaba el Capitolio del monte Palatino.

Entonces fue cuando las mujeres sabinas se interpusieron entre los dos ejércitos, diciéndoles: "Si nuestro matrimonio es la causa de vuestro agravio, volved vuestra cólera contra nosotras. Nosotras somos culpables, somos la causa de la ofensa y de la muerte de nuestros padres y esposos, y preferiríamos morir que quedar viudas o huérfanas".

La intervención de las sabinas, *obra pintada en 1799 por el francés Jacques Louis David.*

La cosa funcionó: los dos bandos hicieron las paces y Tacio y sus sabinos se incorporaron a Roma. Si esta historia nos resulta familiar es porque en él se inspira el argumento de la película *Siete novias para siete hermanos.*

La versión de Livio insiste en lo político, en la constitución de una comunidad estable, y se ocupa menos del tema de la violencia sexual; en cambio, el relato de Ovidio es típicamente frívolo: en el libro primero de su *Arte de amar* ("Cómo conseguir mujeres"), recomienda la muchedumbre que asiste a los juegos como un magnífico lugar de caza, pues, y así lo dice él, se ha convertido en una costumbre consagrada desde que Rómulo la inauguró raptando a las sabinas.

El fin de Rómulo

Rómulo gobernó durante cerca de cuarenta años, aunque era mucho más popular entre la gente común y los soldados que entre los senadores (en nuestros días los comentaristas políticos dirían que tomó el partido de los "populares"). Un día Rómulo estaba pasando revista a sus tropas en el Campo Marcio (cerca de donde se encuentra actualmente el Panteón), cuando de repente estalló una tormenta con truenos, una espesa nube le ocultó de la vista de todos, y ya nunca nadie más volvió a verle. Alguno de los senadores que se encontraban cerca de él dijeron que se lo había llevado la tormenta, aunque hubo otros que, en secreto, dijeron que había sido despedazado por los senadores. Los soldados le aclamaron como padre de la nación y como un dios, Quirino. Un hombre dijo que era necesario asegurar la creencia en la deificación y calmar el pánico de la plebe y la hostilidad del senado. Un granjero de Alba, Julio Próculo (y así entra a formar parte de la historia la familia de los Julios), que se encontraba en Roma aquel día, habló al pueblo: "Quirites —dijo—, esta mañana, al amanecer, Rómulo, el padre de esta ciudad, ha bajado del cielo y se me ha aparecido de repente. Yo estaba muerto de miedo y me quedé reverentemente quieto. 'Ve, me dijo, y cuéntales a los romanos que es el deseo de los habitantes del cielo que mi Roma gobierne el mundo; diles que tienen que perfeccionar su destreza militar, y enseña a sus hijos que no hay poder humano capaz de hacer disminuir un ápice el poder de Roma.' Y tras decir esto ascendió de nuevo a los cielos". Y así fue como se declaró dios a Rómulo.

Quirino tenía dedicado un antiguo altar sobre el monte Quirinal, y un *flamen*, un sacerdote especial, pero no tuvo un templo propio hasta finales del siglo IV a.C. Los romanos de época clásica pensaban (porque los sabinos tenían una ciudad llamada Cures) que Quirino era un dios sabino, que el monte Quirinal recibió su nombre de un antiguo asentamiento sabino y que "quirino" era un nombre que los sabinos daban a los romanos y que quedó incorporado dentro del cuerpo ciudadano.

Los reyes de Roma

El siguiente rey de Roma fue sabino, elegido por el pueblo bajo la recomendación del Senado; su nombre era Numa Pompilio y era famoso tanto por su piedad como por su conocimiento del ritual religioso. Más tarde los romanos le consideraron como un rey filósofo y algunos griegos sostuvieron (en contra de las probabilidades cronológicas, incluso en el caso de que se hubiera tratado de un personaje real) que había sido discípulo de Pitágoras. Desvió la atención de los romanos de los proyectos bélicos hacia las instituciones pacíficas, estableciendo sacerdotes, el calendario religioso y el propio ritual de la observancia religiosa, que lo aprendió, al menos eso decía él, de una diosa, Egeria, su mujer y consejera, que solía visitarle durante la noche e instruirle en la ciencia religiosa. Le dedicó un altar a Júpiter Elicio en el Aventino y le consultó mediante augurios para arrancarles a los dioses la forma de *descubrir* que portentos manifestados a través de señales visibles, como el rayo, debían tenerse en cuenta y de qué manera podían influir.

Júpiter le desveló a Numa cuál era el sacrificio adecuado para conjurar el rayo. No era asunto fácil conseguir que un dios desvelara este tipo de conocimientos, pero Numa jugó sus cartas con astucia. Ovidio cuenta cómo se estremecieron las copas de los árboles en el Aventino, y cómo se hundió la tierra bajo el peso de Júpiter. Al rey se le erizaron los cabellos, se le agitó el corazón y se le heló la sangre en las venas. Cuando recobró el dominio de sí mismo, dijo: "Rey y padre de los dioses del Olimpo, si me he acercado a tu altar con manos puras y si te lo pregunto con lengua piadosa, dime cuál es la manera de conjurar los rayos".

El dios atendió su súplica, pero le respondió con una ambigüedad alarmante: "Corta una cabeza", y el rey contestó: "Lo haré. Cortaré una cebolla cultivada en mi huerto". A lo que Júpiter añadió: "La de un hombre", y Numa respondió: "Tendrás sus cabellos". Y cuando Júpiter pidió una vida, Numa replicó: "La de un pez".

De esta manera, Numa, como era propio de un rey pacífico, fue más astuto que Júpiter que, aparentemente, esperaba un sacrificio humano. Sin embargo el dios no se sintió ofendido, se rió y dijo: "Empleando estos recursos, conjurarás mis rayos, hombre que no has tenido miedo de conversar con los dioses. Mañana cuando el dios sol deje ver todo su disco, te daré una señal segura de vuestro poder", y después desapareció en medio de un trueno.

Los romanos no acababan de dar crédito a Numa cuando se lo contó, pero se congregaron todos y cuando el sol brilló en todo su esplendor, Numa rogó a Júpiter que cumpliera su promesa. En medio de un cielo completamente despejado resonó un trueno, y de lo alto descendió un extraño escudo brillante.

De este escudo dependía la fortuna de Roma, y por razones de seguridad, para prevenir un robo, Numa ordenó hacer otros once escudos exactamente iguales a Veturio Mamurio, el único capaz de hacerlos, y designó a unos sacerdotes, los Saliares, los sacerdotes bailarines, para cuidarlos. Eran sacerdotes de Marte, y cada año, a principios de marzo, antes de que comenzara la época de las campañas militares, desfilaban por Roma realizando un baile peculiar y entonando un cántico tan antiguo que nadie podía entender nada, aunque los sacerdotes seguían interpretándolo año tras año. Conocemos su letra, más o menos alterada, a través de una inscripción grabada sobre mármol para conmemorar la celebración de este rito en el 218 d.C., y lo único que se ha podido sacar en claro es que en ella se invoca a Marte.

El siguiente rey de Roma, Tulio Hostilio, el guerrero que anexionó Alba a Roma, fue menos afortunado en su trato con Júpiter. Sus continuas campañas militares provocaron el descontento divino, que se manifestó mediante una lluvia de piedras seguida por una epidemia, y cuando Tulio, en secreto, intentó emplear el ritual de expiación establecido por Numa no lo hizo correctamente, de suerte que tanto él como su palacio fueron fulminados por un rayo.

Moneda que muestra los dos escudos sagrados; entre ellos hay un casco de flamen.

Su sucesor, Anco Marcio, nieto de Numa por línea materna, combinó los intereses de sus dos antecesores, y, al menos así se dice, introdujo la noción de "guerra justa". Siguiendo un ritual que aún se practicaba, aunque con algunas modificaciones, en el siglo II d.C., la declaración formal de guerra contra otro país sólo se producía después de que un sacerdote romano recorriera aquel territorio, poniendo a cada persona que encontraba, y a Júpiter mismo, como testigos de que se había pedido una satisfacción en nombre de la religión y la justicia. De él se dice también que fue quien llevó el agua a Roma mediante un acueducto (Q. Marcio Rex, su supuesto descendiente, construyó el Acqua Marcia en el 144 a.C. y se le honró por ello con una estatua ecuestre).

Los tres últimos reyes de Roma, Tarquinio Primero (un etrusco), Servio Tulio y Tarquinio el Soberbio, se sitúan dentro de un contexto histórico mejor definido, aunque esto no quiera decir que sea cierto todo lo que los historiadores antiguos escribieron sobre ellos. Servio Tulio, en concreto, aparece como un reformador político, pero también como una figura mítica. Las circunstancias que rodean su infancia son legendarias y las de su muerte bordean el melodrama.

De pequeño, Servio vivía en el palacio del primer Tarquinio. Un día, mientras dormía, se vieron llamas bailando alrededor de su cabeza sin quemarle; cuando despertó desaparecieron. Tanaquil, la reina, vio en ello una señal de los cielos y le dijo a Tarquinio que su significado era que él debería ser una protección para su casa; decidieron educarle como a un príncipe y le dio a su hija en matrimonio. La historia habría sido mejor si Servio hubiera sido el hijo de una esclava, pero Livio, escéptico como de costumbre, no puede convencerse a sí mismo para creer tal cosa, pues el hijo de una esclava jamás se habría podido desposar con una princesa. Su madre era, evidentemente, una mujer de alta cuna, prisionera de guerra, que había conseguido granjearse la amistad de la reina.

Sin embargo, los hijos de Anco Marcio, a quien destronó Tarquinio, queriendo vengarse intentaron asesinar a Tarquinio. Mientras agonizaba, Tanaquil dispuso las cosas de manera que Servio tomara las riendas del poder, y luego se convirtiera en rey; pero a pesar de todas las cosas buenas que hizo por Roma, su fin fue desgraciado.

Tarquinio Primero tuvo dos hijos, Lucio Tarquinio —que era un hombre ambicioso— y Arrunte —que no lo era—; se casaron con las hijas de Servio, ambas llamadas Tulia y con caracteres igualmente opuestos. Para suerte de Roma, al principio, las dos personas ambiciosas no se casaron entre ellas, pero la Tulia malvada incitó al Tarquinio impío contra su buen marido y su apacible esposa. Tras asesinarlos a ambos, Tarquinio y ella se casaron, y luego comenzaron a maniobrar en contra de Servio. Tarquinio consiguió, con la promesa de favores, el apoyo de los nobles, luego echó a Servio del Senado y en cuanto puso el pie en la calle le asesinaron.

Tras asistir en el Foro a la proclamación de su marido como rey, Tulia regresaba a su casa del Esquilino, y al encontrar en su camino el cuerpo mutilado de Servio el cochero detuvo el carruaje; entonces ella misma cogió las riendas y pasó por encima del cadáver de su padre manchando con su sangre sus vestiduras y las ruedas del carro. Por esta razón aquella calle (hoy en día San Pietro in Vincoli) se llamó Sceleratus Vicus (calle del Crimen). Su marido, Tarquinio el Soberbio, gobernó como suelen hacerlo los tiranos: le negó los funerales a Servio y ejecutó a sus partidarios en el Senado. Impuso un gobierno de terror, asesinando, desterrando o confiscando las propiedades de aquellos a quienes odiaba y de aquellos otros cuyos bienes codiciaba. Fue entonces cuando una ciudad vecina, Gabi, cayó sobre Roma —Herodoto relató la historia de aquellos acontecimientos y los demás historiadores se limitaron a tomarla de él—. Sexto, el hijo de Tarquinio, se hizo con el control de la ciudad con engaños y envió a un mensajero para que preguntara a su padre qué era lo siguiente que debía hacer; el mensajero le respondió que su padre no había respondido nada, sino que, simplemente, se había limitado a pasear arriba y abajo por el jardín, cortando con un palo las ramas que sobresalían entre las demás. Sexto comprendió el mensaje.

El fin de la monarquía

Los tiranos frecuentemente suelen violar las normas de comportamiento sexual admitidas por la comunidad. Y Sexto, el hijo de Tarquinio, no fue una excepción: violó a Lucrecia, una joven noble romana, que se suicidió tras contarle lo ocurrido a su padre y sus hermanos. Ésta fue la gota que colmó el vaso, y el odio que sentían los nobles por Tarquinio se convirtió en una rebelión abierta que acabó con la monarquía. Tarquinio y los suyos fueron desterrados de Roma y el pueblo eligió a sus dos primeros cónsules, dándose para estos sucesos la fecha tradicional del 509 a.C.

Sin embargo esto no representó, por completo, el fin de Tarquinio. El depuesto rey consiguió ayuda de algunas ciudades etruscas, especialmente de Lars Porsena, el rey de Clusium, que sitió la ciudad dando a los romanos la oportunidad de dar numerosas pruebas de heroísmo y patriotismo, hasta el punto de que —al menos eso es lo que los romanos querían creer— el propio Porsena decidió levantar el sitio impresionado por tales ejemplos, que demostraban hasta qué punto los romanos estaban dispuestos a defender su libertad.

La historia alternativa: Etruria y Roma

Era una buena historia, pero era falsa. Tácito y Plinio el Viejo sabían que Porsena había conquistado Roma y que la había gobernado durante un tiempo. Además, las pruebas arqueológicas demuestran que los etruscos no se retiraron hasta mediados del siglo V a.C. Muy lejos de intentar devolver el trono a los Tarquinios, parece ser que el rey de Clusium tenía sus propios planes expansionistas, y esta eventual expulsión de Roma acabó originando una liga de los pueblos latinos, a la que se sumó el rey de Cumas. Sin embargo, esta historia resultaba más humillante para los romanos, y muchos prefirieron ignorarla dando crédito, en cambio, a aquella otra que exaltaba las admirables cualidades del carácter romano.

También se conservan restos de otras leyendas que señalan que la influencia etrusca sobre la antigua Roma fue mucho más profunda y duradera de lo que los propios romanos estaban dispuestos a admitir. En este sentido el emperador Claudio (41-54 d.C.), cuya primera mujer era de origen etrusco, constituyó una excepción: conocía bien el pasado y escribió un libro sobre la historia de Etruria. En el año 48 d.C., en uno de sus largos y aburridos discursos en el Senado justificaba su propuesta de permitir desempeñar empleos públicos a los galos recordando que, en tiempos de los reyes, Roma había admitido extranjeros, y haciéndose eco de la tradición etrusca según la cual el rey que gobernó entre los dos Tarquinios no fue Servio, sino Celio Vibenna, un etrusco conocido como Mastarna.

En una tumba etrusca de Vulci, fechable entre el siglo IV o III a.C., se conserva una pintura al fresco en la que, aunque desconocemos los pormenores de la historia, se representa a Mastarna liberando a Celio Vibenna, mientras que Aulo Vibenna combate con alguno de los Falerios y otro personaje mata a Neo Tarquinio Rumaco (¿de Roma?). "Mastarna" parece ser sólo el nombre etrusco de los magistrados, pero, al menos, Aulo Vibenna es un nombre real —aparece en una cerámica del siglo VI a.C. encontrada en Veii— y Varrón habla de un noble etrusco, Celio Vibenna (que, por supuesto, dio su nombre al monte Celio), que ayudó a los romanos en su lucha contra el rey Tacio y los sabinos, y añade que la Vía Toscana recibió ese nombre de sus partidarios. Para algunos romanos, Cicerón entre ellos, el nombre de una de las tres castas establecidas por Rómulo, la de los Luceres, procede de otro rey etrusco que le ayudó contra Tacio.

Estas referencias dispersas sobre una historia "etrusca" de Roma pueden tener su fundamento en la temprana expansión cultural etrusca, si no también política, sobre todo el Lacio; sin embargo los Hijos de la Loba prefirieron subrayar su latinidad y creer que debían su éxito exclusivamente a ellos mismos y a los dioses.❐

El héroe y el Estado

En la escuela todos los niños romanos aprendían estas leyendas sobre su propio pasado en las que se ejemplificaban aquellos valores que los romanos consideraban que formaban parte del espíritu nacional, y que subrayaban muy especialmente la idea de que había que anteponer el beneficio de Roma a los intereses del individuo e incluso, a la lealtad a la propia familia. Las familias romanas, sobre todo las más nobles, se enorgullecían de poder incluir estas historias dentro de su propia historia familiar, y durante mucho tiempo, al menos mientras duró la república, continuaron acomodando sus normas de conducta sobre estos modelos. Esta clase de historias constituían el tema principal de los panegíricos fúnebres para despertar entre los jóvenes los deseos de imitarlas. En el siglo III a.C., Ennio, el autor de los *Annales,* el primer poema épico nacional, escribió que *"Moribus antiquis res stat Romana virisque"* ("Nos mantenemos firmes sobre los valores y los hombres de la antigua Roma").

La apelación de Ennio a los valores tradicionales hay que contextualizarla históricamente. En el año 340 a.C. el cónsul Tito Manlio Torcuato (se decía que había adquirido este último sobrenombre siendo aún joven, cuando disputó un combate singular contra un gigantesco galo, le mató y le arrancó el torque de su cuello) mandaba un ejército romano contra los latinos. Su hijo, se sintió aguijoneado por las burlas de un comandante de la caballería latina, y, contraviniendo las órdenes recibidas, le desafió a un duelo; Torcuato, para mantener la disciplina militar, le mandó ejecutar inmediatamente. En el año 140 a.C. otro de sus descendientes al descubrir que su hijo (que había sido adoptado por otro romano) había abusado de su posición como gobernador de Macedonia para cometer extorsiones, manifestó públicamente que nunca más le vería. La noche siguiente se ahorcó su hijo, y él se negó a asistir al funeral y dedicó su jornada, como tenía por costumbre, a recibir en el pórtico de su casa a todos aquellos que acudían a hacerle consultas sobre asuntos de derecho civil o del ritual religioso. Esta historia se encuentra recogida en una recopilación de historias morales publicadas en tiempos de Augusto, los *Dichos y hechos memorables* de Valerio Máximo, donde cuenta también que Manlio, como muchos otros nobles romanos, conservaba los retratos en cera de sus antepasados, incluido el austero Tito, como un recuerdo constante de que debía ajustar su vida a sus modelos de conducta.

Podía encontrarse un precedente legendario para la conducta del Torcuato del 340 a.C.: cuando Tarquinio el Soberbio fue desterrado de Roma, algunos jóvenes romanos, incluidos los hijos de uno de los primeros cónsules de la ciudad, Lucio Juno Bruto, organizaron un complot para devolverle el trono. El complot se descubrió, y a todos ellos se les condenó a muerte, sin que el padre

Estatuilla de bronce representando a un lictor (ayudante del magistrado). Los fasces que lleva representan el poder del magistrado para imponer castigos, incluida la pena de muerte.

manifestara la menor clemencia hacia sus propios hijos; sino que, al contrario, como cónsul que era, asistió a la ejecución, sentado en la tribuna oficial. Ninguno de los presentes prestó atención a otra cosa; los ojos de todos, cuenta Livio, estaban fijos sobre él y sobre sus hijos.

Este tipo de subordinación inflexible de los intereses personales y familiares a los del Estado no es privativo de ninguna forma de gobierno. En Roma se encuentran historias de esta clase tanto durante la época de los reyes como en los primeros tiempos de la República, y resulta interesante considerar que en épocas mucho más tardías aún seguían considerándose provechosas. Uno de los cuadros más conocidos del Jacques —Louis— David, un pintor francés del neoclasicismo, representa al cónsul Bruto sentado en su casa, mirando al suelo, mientras entran los lictores llevando los cuerpos de sus hijos; se expuso en París, en el Salón de 1789, varias semanas después de la toma de la Bastilla, pero había sido un encargo hecho por el rey.

Los Horacios y su combate singular

Más famoso que el anterior es aún otro cuadro de David, *El juramento de los Horacios*, que representa a los tres hermanos en el momento en que juran luchar hasta la muerte. Debido a la activa participación de David en los sucesos revolucionarios, este cuadro se interpretó como una arenga dirigida a las masas, pero la realidad es que fue pintado cinco años antes de la revolución por encargo de la corona y dentro de un proyecto, controlado por el supervisor artístico de Luis XVI, cuya finalidad era reforzar la moral pública a través de las artes visuales. La escena del juramento es invento de David, que no se encuentra ni en las historias antiguas ni en la tragedia sobre los Horacios escrita por Pierre Corneille en el siglo XVII. La fuerza de la imagen de David la ha convertido en un objeto de culto. *El juramento de los Horacios* se eligió, también, como nombre de una revista universitaria francesa, aparecida en 1987, especializada en historia del arte.

El cuadro de David pone el énfasis en la disponibilidad para sacrificar la propia vida en beneficio de la nación, pero la historia antigua incluye otros elementos, y uno de ellos, en particular, no se hubiera adaptado fácilmente dentro del esquema didáctico del rey francés: difícilmente habría deseado que hubiera mostrado el fratricidio.

En época de Tulio Hostilio, el tercer rey, los romanos lucharon contra los albanos; la guerra terminó con la destrucción de su ciudad y su anexión a Roma. Los reyes de Roma y Alba decidieron que, para no disminuir la fuerza de sus ejércitos y favorecer así a su enemigo común, Etruria, dirimirían sus diferencias mediante un combate singular entre campeones; oportunamente, ambos ejércitos contaban con una pareja de trillizos entre sus filas, los Horacios en el de los romanos y los Curiáceos en el de los albanos, y a ellos se encomendó el combate.

En el día convenido, y esto es algo que ha quedado recogido desde el principio por la tradición, el acuerdo solemne entre romanos y albanos se selló de

El juramento de los Horacios, *cuadro pintado en 1784 por Jacques Louis David.*

manera "fecial": el sacerdote, después de arrancar una mata, pidió y recibió el permiso del rey para actuar en nombre de Roma; después tocó con la verbena a Espurio Fusio, que iba a pronunciar, en nombre de los romanos, la fórmula del juramento de que se atendrían a los términos del pacto: "Si se apartan de ellos por pública determinación con fraude y engaño, entonces tú, Júpiter, hiéreles como yo hiero a este cerdo, y hiérelo con más fuerza aún, cuanto mayor es la tuya con respecto a la mía". Y diciendo esto, mató al cerdo con un cuchillo de pedernal. Los albanos también hicieron un juramento.

Los campeones se adelantaron, ansiosamente observados por los soldados de ambos ejércitos. Los tres albanos resultaron heridos, pero cuando murió un Horacio y luego un segundo, el tercero de ellos se dio la vuelta y echó a correr, no por cobardía sino para separar a sus rivales. Mató al primero de sus perseguidores, y después al segundo en cuanto se le acercó; el último de ellos, exhausto, no pudo ofrecer ninguna resistencia y de un solo golpe acabó con él. Los dos bandos sepultaron a sus muertos, y, según Livio, cuando él escribía aún podían verse sus sepulturas. El Horacio recibió como botín las armaduras y las capas de los Curiaceos, y regresó a Roma a la cabeza de su ejército.

Al llegar se encontró con su hermana, desposada con uno de los Curiaceos, y cuando reconoció la capa que había tejido para su marido, comenzó a mesarse los cabellos en señal de duelo y a gritar su nombre. Entonces el Horacio le atravesó el corazón con su espada. "Guarda tu pueril amor para tu marido, tú que no te has preocupado de tus hermanos, vivos o muertos, ni de tu ciudad. Mueran así todas las mujeres romanas que lloren la muerte de un enemigo".

El pueblo se dividió en dos bandos, la acción del Horacio había sido terrible, pero, al mismo tiempo, él era un héroe nacional. Le condujeron ante el rey para que fuera juzgado, y éste recurrió al antiguo procedimiento para la *perduelio* (literalmente alta traición —desde el momento en que Horacio había negado el derecho del pueblo a juzgar—), que Livio explica a sus lectores. Si se le encontraba culpable incluso después de haber apelado el pueblo tras la sentencia de los magistrados (*provocatio* —un antiguo derecho de los ciudadanos—), se le vendarían los ojos, se le colgaría de un árbol seco, y se le flagelaría.

Se produjo la apelación al pueblo, y habló el padre del Horacio. Si su hija no hubiese merecido la muerte, él habría ejercido su derecho como padre y habría castigado con sus manos a su propio hijo, pero suplicó al pueblo que recordara cómo su heroísmo en el combate les había salvado. Horacio fue indultado, pero su padre tuvo que realizar ciertos ritos de expiación por él y el Horacio tuvo que pasar con la cabeza cubierta bajo una viga atravesada sobre la calle.

En tiempos de Livio aún existía en el Foro un lugar conocido como "las lanzas de los Horacios", que era donde, se decía, habían colocado los trofeos de los Curiaceos. Justo en el lugar donde más tarde se levantaría el Coliseo se encontraba una viga *(tigillum)*, que, al menos hasta el siglo IV a.C., era periódicamente sustituida por otra a cargo del Estado; era el *Tigillum Sororium* cuyo nombre se pensaba que venía de *soror*. Sin embargo, muy cerca había dos altares, a Jano Curiaceo y a Juno Sororia, donde, según el calendario religioso romano, tenía lugar una ceremonia el primero de octubre. Así se puede ver cómo a través de unas etimologías falsas se pudieron crear leyendas para explicar los rituales antiguos y ya obsoletos que acompañaban los ritos de iniciación para los jóvenes de los *curiae* (un antiguo grupo elegido por el pueblo) y las chicas cuando llegaban a la pubertad (*sororiare* quiere decir el desarrollo de los pechos), y para explicar también uno o dos nombres tradicionales con que se conocían determinados lugares. Por otra parte, esta leyenda, tal y como la relatan los escritores clásicos, inculcaba determinados valores como el de anteponer la patria a la vida y el patriotismo a los intereses personales.

De cómo Horacio el Tuerto defendió el puente

Lars Porsena y el ejército etrusco avanzaron contra Roma, acercándose por su punto más vulnerable, el puente de madera que cruzaba el Tíber. Los romanos que lo custodiaban fueron presa del pánico, pero otro Horacio, llamado Cocles ("el tuerto"), animó a algunos de ellos para que destruyeran uno de los extremos del puente mientras él sólo intentaba hacer lo posible para detener al enemigo. Dos nobles romanos, Espurio Larcio y Tito Herminio (dos nombres de raíz etrusca, y esto es importante subrayarlo), se sintieron avergonzados y ayudaron a Horacio prolongando su resistencia durante unos breves, pero preciosos, minutos; sentían cómo la mayor parte del puente había sido ya serrada a sus espaldas, y entonces, con redobladas energías, siguieron intentando mantener a raya al enemigo hasta que se completara el trabajo. Sus mofas les mantuvieron perplejos durante algunos momentos, luego sobrevino una lluvia de venablos, pero Horacio los detuvo todos con su escudo. Cuando ya avanzaba todo el ejército, el puente se hundió de golpe, cortándole la retirada.

Pidiendo al padre Tíber que le salvara, sin quitarse la armadura saltó al río y lo cruzó a nado. Había salvado a Roma, y en recuerdo suyo se erigió una estatua (la primera, según Plinio el Viejo, que se le dedicara a un individuo concreto) y un trozo de terreno, que algunas personas, añade Livio, contribuyeron a mantener durante los duros tiempos del asedio que se produjo a continuación.

Pero no en todas las versiones de la historia Horacio consigue salvar su vida nadando. En otra de ellas, él se sacrifica deliberadamante por su patria sin que se haga mención en ella de que se le dedicaran honores públicos. Además, aquella historia de la erección de una estatua pública a alguien vivo en unas fechas tan tempranas, tiene algo de sospechoso. El hecho de que Horacio saltara al río desde el Pons Sublicius, el puente más antiguo de Roma, es una reminiscencia de una misteriosa ceremonia que se celebraba el 14 de mayo cuando el Pontífice romano, las vírgenes vestales y los pretores arrojaban al río, desde este mismo puente, treinta muñecos de paja. Una vez más, nos encontramos con otro caso de creación de una leyenda para explicar un rito, y quizá también una vieja estatua de culto, dándoles al mismo tiempo una dimensión moral.

El poema "Lays of Ancient Rome", de Lord Macaulay, que trataba sobre los Horacios, ha sido durante generaciones uno de los más populares de la literatura inglesa desde su publicación en 1842. Los etruscos de Macaulay tienen un cierto aire de deportistas ingleses; cuando Horacio intentaba desesperadamente llegar a la orilla, "incluso en las filas de los toscanos / a duras penas podían dejar de animarle".

De cómo Escévola perdió su mano

Otro tipo diferente de leyenda, desarrollada también entre los griegos, es la que se refiere a una misión secreta llevada a cabo tras las líneas enemigas. Porsena mantenía su asedio y la comida empezaba a escasear, y esto, unido a la humillación que suponía para Roma el hecho de sufrir un asedio, y más por parte de un enemigo al que siempre había vencido en el pasado, determinaron a un joven aristócrata, Cayo Mucio, a desafiar un gran riesgo, tras solicitar previamente al Senado autorización para ello (de otra manera los guardias romanos podrían tomarle por un desertor y darle muerte). Armado tan sólo con una daga, se infiltró tras las filas de los etruscos. El rey y su secretario se encontraban sentados los dos, juntos, en un estrado repartiendo la paga a los soldados.

Pero ¿quién era el rey? Los dos vestían de manera tan similar que Mucio no podía estar seguro de quién era quién. Decidido a probar suerte, apuñaló al hombre equivocado y, rápidamente, le redujeron y le condujeron ante Porsena. Mucio entonces pronunció palabras desafiantes, amenazando oscuramente al rey de que jamás podría considerarse a salvo. Cuando Porsena le ordenó que le informara de cuanto sabía si no quería morir quemado vivo, Mucio gritó: "¡Mira! date cuenta de la poca estima en que los hombres tienen a sus cuerpos cuando tienen puesta su mirada en la gloria", y puso su mano derecha sobre las llamas de un altar y la dejó allí, como si fuera insensible al dolor. Porsena se quedó tan impresionado por el valor de su enemigo que ordenó dejarle libre, y Mucio, como una muy curiosa manera de agradecimiento, le dijo voluntariamente que otros trescientos jóvenes nobles habían decidido intentar realizar esta misma misión hasta que uno de ellos tuviera éxito. Porsena negoció entonces con los romanos y acordaron la paz. A partir de este momento recibió el *cognomen*, el apodo, de Escevola, "el zurdo", que en épocas históricas perteneció a una rama concreta de la familia de los Mucios.

Esta historia no puede ser anterior al siglo III a.C., y contiene indudables elementos de influencia griega. En el siglo VI a.C. no resultaba frecuente que los romanos utilizaran un *cognomen*, a pesar de las fantasías genealógicas de las generaciones posteriores; además, en tiempos de Varrón, *scaeva* (un augurio que viene de la izquierda) se consideraba una palabra tomada del griego y el adjetivo *scaevus* no aparece en la literatura latina hasta el siglo II d.C. Las magníficas vestiduras del secretario de Porsena son también otro toque de origen griego, y la misión secreta puede relacionarse con una antigua leyenda ateniense referente a Codro, uno de los primeros reyes (que penetró en el campo enemigo para morir en él, de manera que se cumpliera un oráculo y pudiera salvarse su ciudad).

Esta historia, que explica al hecho de que Porsena levantara el sitio de Roma (como hemos visto, esta era la versión que preferían los romanos para la historia de sus relaciones con los etruscos), fue fraguada a base de las tradiciones familiares de los patricios Mucio Escévola, una familia que en los últimos tiempos de la república se había interesado por la historia antigua. El primer miembro de esta familia cuyo nombre ha conservado la historia fue pretor en el 215 a.C.; en el siglo II a.C. otros dos Escévolas, padre e hijo, desempeñaron sucesivamente el cargo de Pontifex Maximus, el sacerdote más importante de Roma, y precisamente por ello tuvieron acceso a una especie de crónica primitiva, los *Annales Maximi*, una especie de anuario en el que el Pontifex Maximus apuntaba las fiestas y los demás acontecimientos importantes que habían sucedido; un siglo más tarde, otro miembro de la familia ayudó a organizar en época de Augusto la recuperación de los antiguos Juegos Seculares (una conmemoración tradicional de la fundación de Roma).

Naturalmente, los Escévola deseaban hallar una explicación aceptable para el nombre de su familia, quizá porque el hecho de ser zurdo se consideraba, en la vida cotidiana, como un signo de desgracia (aunque la

Escévola quemando su mano en presencia de Lars Porsena. Fuente italiana de mayólica, hacia el 1510-20.

izquierda se consideraba favorable entre los augures romanos), o porque, como quizá sugiere la propia historia, tras ella quedaba abierta la insinuación obvia de que a alguno de sus antepasados se les quemó la mano como castigo.

Irónicamente, los romanos llegaron a utilizar la historia de Escévola formando parte del montaje de los castigos públicos. En el siglo I d.C. las ejecuciones y otras formas de castigos corporales podían hacerse de diferentes formas: podían formar parte de las diversiones propias del circo, como los espectáculos con fieras, pero podían incluirse también dentro de las representaciones teatrales, como sucedió, por ejemplo, en algunas de las que tuvieron lugar en el año 80 d.C. durante la inauguración del nuevo anfiteatro construido por el emperador Tito, el Coliseo. Marcial, el poeta, describe una charada en la que, al parecer, se le dio a alguien la opción de que le quemaran una mano en lugar de ser quemado vivo en el interior de una túnica recubierta de pez:

> El otro día, en el espectáculo de la mañana
> vimos a Mucio poniendo su mano en el fuego.
> Si crees que se mostraba fuerte y soportaba el dolor,
> serías tan obtuso como un hombre de Abdera.
> Si ellos dijeran, con la túnica picante, "Quema tu mano",
> él tendría un sumo placer en decir "No".

De esta manera, una leyenda concebida para ilustrar una autoinmolación patriótica se convirtió en una manera espectacular de demostrar el poder del Estado.

La parábola del estómago y los miembros del cuerpo

No habían transcurrido aún veinte años desde la expulsión del rey cuando Roma se vio obligada a hacer frente a una crisis doble, una externa —la amenaza de los pueblos vecinos que habitaban en las colinas— y otra interna —las disputas entre los plebeyos y las clases dominantes—. El pueblo se había levantado como protesta contra una ley cruel que no sólo permitía a los acreedores confiscar las propiedades de sus deudores, sino también encarcelarles y torturarles; y las promesas de cambiar la ley no consiguieron apaciguarle. Había algaradas callejeras y sólo tras grandes dificultades el Senado consiguió reunir un ejército que hiciera frente al pueblo. Pero cuando los soldados huyeron en desbandada, los senadores, temiendo una rebelión interna, intentaron conservar a los que se encontraban movilizados y en campaña, entonces todo el pueblo salió de la ciudad y acampó cinco kilómetros más lejos en el Monte Sagrado. Este suceso se conoce como la primera Rebelión de los Plebeyos.

El Senado envió a un plebeyo, Menenio Agripa, para que tratara de hacerles entrar en razón, y él les contó una parábola, la historia del estómago y los miembros del cuerpo:

"Hubo un tiempo en que las diferentes partes del cuerpo humano, como sucede ahora, no consiguieron ponerse de acuerdo, y cada uno de sus miembros se preocupa de sí y podía hablar por sí mismo; se quejaban de que era injusto que ellas trabajaran y se esforzaran para alimentar al estómago, mientras que el estómago permanecía quieto en medio del cuerpo, sin hacer otra cosa que disfrutar de los manjares que le proporcionaban. Así que entre todos decidieron que las manos no llevaran la comida a la boca, y que la boca no aceptara lo que se le diera, ni que los dientes masticaran lo que recibieran. Movidos por su resentimiento, pensaban que así conseguirían rendir al estómago por hambre; pero sucedió que cada uno de los miembros en particular y todo el cuerpo en su conjunto se fue debilitando cada vez más. Y así se dieron cuenta de que el estómago no estaba ocioso sino que también cumplía un cometido, y que, en la misma medida en que él se alimentaba, alimentaba a los demás, devolviéndolo a las restantes partes del cuerpo, pues nosotros para estar vivos y sanos, dependemos de ello, y repartiéndolo equitativamente entre ellas a través de las venas, y haciéndolo fácilmente por la digestión de la comida, es decir, la sangre."

La plebe comprendió el paralelo que existía entre las disensiones internas del cuerpo y su propio resentimiento contra los senadores, así que alcanzaron un acuerdo y obtuvieron la creación de un cuerpo de magistrados salidos de entre sus filas para protegerles de las arbitrariedades de los cónsules. Y así fue como se crearon los primeros tribunos de la blebe, uno de los cuales, Sicinio, había sido uno de los cabecillas de la revuelta.

Coriolano y el sitio de Roma

Sin embargo, esta armonía entre la plebe y el senado no duró demasiado tiempo. Durante la revuelta se había descuidado la agricultura, la ciudad sufría el azote del hambre y, durante los dos años siguientes, resultó necesario importar el maíz de lugares muy remotos. Su precio tuvo que ser subvencionado para que la gente pudiera subsistir, y hubo algunos senadores que intentaron que, a cambio, la plebe renunciara a sus recién adquiridos derechos políticos.

Uno de los oradores que expusieron con mayor vehemencia esta opinión fue Gayo Marcio, un héroe nacional, que el año anterior, siendo aún un joven oficial, dirigió el ataque contra la ciudad de Corioli, recibiendo el sobrenombre de Coriolano. Ahora, sin embargo, enfrentaba a la plebe contra sí mismo y contra el Senado. "¿No podía soportar al rey Tarquinio —decía él— y voy a soportar al rey Sicinio? Dejadle que se retire y que llame a la plebe al Monte Sagrado y a las demás colinas. No pongáis trabas. Los precios han sido culpa suya, dejémosles que se aguanten con ellos. Yo me atrevo a decir que ellos se rendirán pronto y volverán a cultivar los campos, antes que continuar en armas y desatendiendo los cultivos."

Inmediatamente los tribunos le convocaron a juicio. El Senado estaba aterrado. En un primer momento intentaron utilizar sus propios matones para evitar que la plebe celebrara mítines, pero al final acabaron mendigando que dejaran libre a Coriolano. Sin embargo, aunque él no asistió al juicio, la plebe le condenó al exilio (así lo cuenta Livio; en cambio, Plutarco describe una dramática escena en la que Coriolano, con una actitud altiva, se enfrenta a la plebe).

Coriolano se dirigió al territorio de sus antiguos enemigos, los volscos, que en aquellos momentos se encontraban en paz con Roma, y tramó una conspiración con uno de sus jefes: a través de noticias falsas y utilizando propaganda negra, suscitaron el pánico del Senado que ordenó la expulsión inmediata de la ciudad de todos aquellos volscos que se encontraban en Roma para asistir a unas fiestas, y después se las arreglaron para que este incidente diplomático se acabara convirtiendo en una guerra abierta entre los volscos y los romanos.

Coriolano mandaba personalmente el ejército volsco. Primero liberó los territorios volscos que, recientemente, había conquistado Roma, después invadió el Lacio y finalmente sitió a la misma Roma. Por dos veces el Senado envió emisarios para negociar con él, y al segundo de ellos ni siquiera se dignó a escucharle. Después envió sacerdotes, sin conseguir mejores resultados. Entonces las mujeres de Roma recurrieron a su anciana madre, Veturia, y a su mujer, Volumnia. Cuando Coriolano supo que ellas iban a venir con sus hijos, fue a

Coriolano reprendido por su madre; plato italiano de mayólica, 1544.

abrazarlas, pero su madre le rechazó: "¿Quién eres tú?, ¿mi enemigo o mi hijo? Y yo ¿quién soy? ¿Tu madre o tu prisionera? Cuando tú mirabas a Roma, ¿no te acordabas de tu casa con sus dioses ni de tu familia? Si yo no hubiera tenido un hijo, Roma no se encontraría en peligro. Mi desgracia podrá no durar mucho, pero piensa en aquellos otros que morirán o se convertirán en esclavos".

Después su mujer y sus hijos se agarraron a él sollozando y las mujeres que les acompañaban prorrumpieron en lágrimas. Coriolano se encontraba completamente abrumado. Las envió de nuevo a casa y retiró a su ejército; pero nadie sabe con certeza si le mataron los volscos o si continuó con vida durante muchos años más consumiéndola en un triste destierro.

Así es, a grosso modo, como cuenta la historia Livio, claramente influido por una fuente que recoge la política "plebeya" de una parte del Senado en el siglo I d.C., pero sin demostrar una actitud crítica respecto a cada una de las partes. Livio no hace más que sugerir que la intransigencia de Coriolano no coincidía con los más profundos intereses del Senado: con que hubiera puesto algo más de buena voluntad por su parte podría haberse librado del juicio.

Las mejores historias, sin embargo, pueden adaptarse para servir a los intereses de muchos narradores distintos. Para Plutarco, lo que impulsó a Coriolano fue complacer a su madre (que en su versión se llama Volumnia), pues, habiendo muerto su padre cuando él era pequeño, había proyectado sobre ella todo el respeto filial que debería haber mostrado hacia un padre. A Coriolano lo empareja con el ateniense Alcibíades (que también se volvió traidor durante el exilio), y le presta algunas cualidades para superar a su "contrincante". Coriolano, como los héroes de la tragedia, es en gran medida el responsable de su propia desgracia, por su soberbia, su intransigencia y su ataque desenfrenado, y decide marchar al exilio para vengarse él mismo de Roma. La versión de Plutarco es la que contiene los diálogos más emocionantes y dramáticos, y por eso mismo no resulta extraño que sea la que mayor influencia ha ejercido sobre los escritores posteriores.

Leyendas familiares, y cómo la historia se repite a sí misma

Cada una de las grandes familias romanas tenía su propio repertorio de leyendas familiares. Estas dos datan de los períodos inicial y medio de la república.

Los Fabios eran una familia importante al comienzo de la república, y entre el 485 y el 479 a.C. nunca dejó de haber un Fabio entre los cónsules. Durante la mayor parte de este tiempo Roma se encontraba embarcada en una incierta guerra contra Veii, una ciudad etrusca que disputaba a Roma el control de las vías vitales de comunicación que discurrían a través del valle de Tíber. Los habitantes de Veii arrasaban a menudo los campos romanos antes de que las legiones pudieran obligarles a presentar batalla. Les amenazaban nuevas guerras y se necesitaba la presencia de las legiones en otros lugares. Entonces el clan de los Fabios se presentó ante el Senado y dijo: "Dejad que nosotros nos ocupemos de los de Veii. Vamos a ocuparnos de esta guerra como si se tratara de un asunto de familia y a nuestras propias expensas".

Toda la ciudad salió para ver cómo marchaban los trescientos seis fabios, con su jefe, uno de los cónsules de aquel año (478 a.C.) a la cabeza. Establecieron una guarnición en un fuerte de la frontera, junto al río Cremera, y se quedaron allí, lanzando frecuentes escaramuzas contra los de Veii. Pero éstos trazaron un plan: de vez en cuando dejaban rebaños y granjas desguarnecidos, y si sus soldados encontraban a los Fabios huían como si se encontraran presos del pánico; al cabo del tiempo los Fabios acabaron por despreciar a sus enemigos y por volverse excesivamente confiados y así un día —un 13 de febrero—, en el que atacaban a un rebaño que no estaba vigilado, cayeron en una emboscada y murieron todos; todos menos uno, indultado por su corta edad y gracias al cual no se extinguió el linaje de los Fabios.

Así era la historia familiar. Sin embargo Dionisio la considera "como una ficción de leyenda o de teatro, y más historiadores griegos que la desmitifican, asegurando que los Fabios no estaban solos sino que formaban parte de una legión de cuatro mil soldados. Y tanto el número de participantes en el combate, como las fechas en que tuvo lugar, resultan sospechosamente parecidas a las de los espartanos enfrentándose a las fuerzas de Jerjes en la batalla de las Termópilas.

La historia de Decio aumentó el buen nombre de su familia y su hazaña fue famosa durante varias generaciones. En el año 340 a.C., antes de una batalla contra los latinos (la misma en la que el hijo del cónsul Tito Manlio Torcuato desafió a un enemigo desobedeciendo las órdenes recibidas), el sacrificio ofrecido por el otro cónsul, Publio Decio Mus, presagió una desgracia para su familia. Cuando el ala del ejército a su mando comenzaba a marchar contra el enemigo, Decio le pidió al Pontífice que le dijera cuál era la fórmula para la *devotio* (autoofrecimiento) a los dioses, para que así quedaran a salvo sus legiones.

Se puso una toca ribeteada de púrpura, cubrió su cabeza, se cogió la barbilla con la mano y se colocó de pie sobre una espada y pronunció la fórmula. Invocó a Jano, Júpiter, Marte, Quirino, Bellona, los Lares, a los dioses nuevos y a los dioses del lugar, a los dioses de los romanos y a los de sus enemigos, y a los dioses del mundo subterráneo, a todos los que podían propiciar el poder y la victoria del pueblo romano, los quirites, y afligir a sus enemigos con el miedo y la muerte. "De la misma manera que he pronunciado mis palabras, en beneficio de la república del pueblo romano, los quirites, y de su ejército, las legiones y los auxiliares del pueblo romano, los quirites, yo me ofrezco a mí mismo —y conmigo a las legiones y los auxiliares del enemigo— a los dioses de la tierra y del mundo subterráneo."

Se ajustó la túnica del modo ritual y se lanzó en medio de los enemigos, éstos se sintieron desconcertados y los romanos llenos de coraje; y en cuanto Decio cayó bajo una lluvia de dardos, cambió el signo de la batalla.

Cincuenta y cinco años más tarde, en la batalla de Sentinum librada contra una fuerza combinada de galos y samnitas, el hijo de Decio, que se encontraba en su cuarto consulado, se ofreció a sí mismo exactamente igual a como lo había hecho su padre. Era la batalla decisiva en la tercera guerra contra los Samnitas, y marcó la hegemonía de Roma sobre Italia.

Demasiado lejos, demasiado bueno. Pero Cicerón sabía de otra historia en la que el nieto seguía el ejemplo de su padre y de su abuelo en la batalla de los Aufidus en el año 279 a.C. Otras fuentes, en cambio, se refieren a este Decio como vivo aún en el 265 a.C. Quizá su *devotio* no fue "aceptada" y sobrevivió, en cuyo caso, según Livio, el ritual exigía que en su lugar se enterrara una imagen suya de tamaño natural. La contrapartida era que este hombre que se había autodedicado sin éxito no podía participar nunca más en ningún ritual religioso.

El general no tenía por qué autodedicarse necesariamente a sí mismo, sino que podía elegir un "voluntario" cualquiera entre los legionarios. Quizá el tercer Decio sintió que la tradición familiar estaba llegando a unos extremos excesivos.❐

Mujeres legendarias

También había leyendas sobre mujeres romanas, buenas y malas. A nosotros nos pueden parecer más atractivas que aquellas otras sobre héroes abnegados, pero, aunque en ocasiones contengan elementos románticos o trágicos, una mirada más atenta nos hará ver que, para los romanos, tenían el mismo interés y cumplían la misma finalidad que las historias sobre héroes masculinos romanos, es decir, animarles a aceptar aquellos principios morales —en particular el autocontrol y la autodisciplina— que ellos consideraban prioritarios de cara a los intereses y la seguridad de Roma.

Tarpeya la traidora

Empecemos con una mujer perversa, Tarpeya. Hacía falta una historia para explicar el nombre tradicional de una roca que se encuentra del extremo sudoeste del monte Capitolino en Roma.

Es una historia sencilla que se puede contar en dos palabras. Cuando el rey Tacio y los sabinos tenían sitiada Roma para rescatar a sus mujeres, Tarpeya, la hija del general romano, que había salido fuera de las murallas de la ciudad para buscar agua, ayudó a los sabinos a entrar en la ciudadela capitolina. Una vez dentro, la mataron golpeándola con sus escudos.

Aquí es donde comienzan los problemas. ¿Por qué ayudó Tarpeya a los sabinos? Según la versión moralmente íntegra que consideraba a Tarpeya como traidora, el motivo era la avaricia. Tapeya habría accedido a entregar la ciudadela a cambio de oro: codiciaba los pesados brazaletes y anillos de oro de los sabinos, y cuando reclamó como recompensa "lo que lleváis en los brazos" (refiriéndose a las joyas), la aplastaron con sus pesados escudos.

Propercio, un poeta contemporáneo de Virgilio y de Ovidio, le da a la historia un giro romántico (que derivaba de un mito griego muy bien conocido por los poetas romanos) al hacer que Tarpeya se enamorara del rey cuando le vio luchando con su armadura: en este caso el precio de su traición era que Tacio se casara con ella, pero el desenlace, cuando ella reclamó su recompensa, seguía siendo el mismo: su muerte. Para los romanos, sin embargo, el amor no resultaba una razón más excusable que la ambición, especialmente cuando iba en contra de las obligaciones patrióticas, y Propercio deja muy claro que Tarpeya se había hecho merecedora de lo que le ocurrió —incluso los sabinos, los enemigos, condenaron su crimen— y aumenta aún su culpabilidad aceptando la versión de la historia según la cual ella era una virgen vestal, que había hecho voto de castidad.

*Moneda
representando a
Tarpeya cubierta
hasta media cintura
por los escudos de
los sabinos.*

Hay otra versión de la historia en la que Tarpeya no es una traidora sino una heroína que había actuado movida por los más altos ideales. Esta Tarpeya había maquinado la destrucción de los sabinos, y cuando ella reclamó "lo que llevaban en sus brazos izquierdos", su intención era despojarles de la defensa de sus escudos y dar la voz de alarma entre los romanos; pero los sabinos se dieron cuenta de la estratagema y la mataron. Nos puede parecer de una ingenuidad increíble, pero da igual. A la heroína Tarpeya la enterraron en el lugar que lleva su nombre. En cualquier caso, esta es la historia que se cuenta de ella y en aquel lugar se hacían libaciones todos los años.

En otro orden de cosas, la roca Tarpeya tenía una reputación siniestra, pues a los convictos de delitos especialmente graves se les ejecutaba arrojándoles desde lo alto de ella. Nuestras fuentes no especifican cuáles eran estos delitos, además del de traición, y resulta difícil encontrar testimonios históricos. Sabemos que en el año 33 d.C. se ejecutó allí a un español acusado de cometer incesto con su hija, pero Tácito dice que el verdadero motivo de su condena era que el emperador Tiberio ambicionaba sus minas de oro y bronce. En cualquier caso, esta terrible asociación (la del lugar y las ejecuciones) necesitaba una historia adecuada para explicarla, por eso la traidora Tarpeya con sus ambiciones personales y antipatrióticas.

Una chica guapa

Mucho más edificante es la historia de Celia (perteneciente a una familia de la que salieron varios cónsules en los primeros siglos de la república). Cuando Lars Porsena accedió a retirarse de Roma después del episodio de Escévola, pidió un determinado número de rehenes que serían retenidos en el campamento etrusco, cerca del Tíber, y entre ellos se encontraba una chica soltera llamada Celia. Organizó un grupo de rehenes como ella, todas chicas, que escaparon cruzando el río a nado —"bajo los dardos de los enemigos", dice Livio— y regresaron de nuevo con sus familias.

Una vez más Porsena se debatía entre la admiración y la cólera, y en este momento las reglas de la guerra hacían más complicado aún este asunto. Porsena proclamó que esta hazaña era distinta de la de Horacio Cocles y Escévola, y que si ella no volvía como rehén consideraría rotos los términos del tratado, pero que si regresaba, él prometía devolverla de nuevo sana y salva con los suyos. Los romanos la entregaron, y Porsena hizo más aún de lo que había prometido. Se presentó ante ella con la mitad de los rehenes, para que eligiera. Ella eligió, así se cuenta, a los jóvenes que no habían alcanzado aún la pubertad; por dos razones: una porque eso resultaba lo más propio en una chica joven (es decir, más adecuado que hombres sexualmente maduros); y la otra porque los niños de esa edad resultaban particularmente vulnerables a los abusos. Cuando se hizo de nuevo la paz, los romanos recompensaron su valor, infrecuente en una mujer, con una estatua ecuestre en la Vía Sacra.

El caballo entra en la historia de una manera más bien forzada, aunque la historia sirvió como explicación a una estatua que servía como una de las lindes de Roma. La estatua primitiva se reemplazó después de que resultara destruida por el fuego en el año 30 d.C. Para las jóvenes de las clases altas, que al parecer gozaban de poca libertad, montar a caballo resultaba una actividad tan improbable como la de nadar durante los primeros años de la República. La historia, tal y como la relata Livio, cumple varios fines diferentes: forma parte de la brillante tradición de una familia noble, explica la existencia de una estatua, y, como la de Escévola, ayuda a explicar por qué Porsena levantó el sitio de Roma. Además, transmite un mensaje muy claro sobre cuáles son las actitudes morales y la conducta sexual que se consideraban deseables —amén de algún que otro indicio siniestro sobre el tratamiento que podían esperar recibir en Roma los jóvenes de ambos sexos que carecieran de la protección que les aseguraba su condición de libres o la presencia de sus padres—.

Conducta y reputación

Se ha hablado mucho sobre la castidad de las mujeres romanas, que en ningún caso resultaba tan importante como en el de las vírgenes vestales, guardianas del fuego sagrado de Vesta, cuya pureza era a la vez el símbolo y la garantía de la prosperidad de Roma. En varias ocasiones, durante la república (y normalmente en momentos de crisis internas), el castigo que recibieron aquellas vírgenes que no habían conservado su pureza fue el de ser enterradas vivas en una tumba subterránea.

Las sospechas se provocaban fácilmente. Se cuenta que en el año 420 a.C. Postumia, cuyo hermano que poco tiempo antes había sido castigado por una derrota romana en Veii, fue acusada de inmoralidad ante los sacerdotes. Era inocente, como se demostró, pero había adquirido una reputación dudosa porque solía ir demasiado bien vestida, era ingeniosa y muy independiente en sus opiniones. Fue juzgada y se le declaró inocente con una amonestación del sumo sacerdote: en adelante se abstendría de hacer bromas y, a la hora de elegir su vestuario, prestaría más atención a su condición sagrada que a la moda.

Algunas, más afortunadas, vieron cómo los mismos dioses defendieron milagrosamente su castidad. Emilia, la vestal máxima, dejó el fuego al cui-

Cabeza de la vestal Emilia, en una moneda acuñada por un Emilio en el año 65 d.C.

Cabeza de mármol de una virgen vestal, mostrando su peinado especial, que únicamente llevaban, además de ellas, las novias en el día de su boda.

dado de otra recién ingresada, que lo dejó apagar. Cuando se descubrió que el fuego se había apagado, se organizó un gran revuelo en toda la ciudad y los sacerdotes decidieron investigar si Emilia había sido deshonesta. Ella extendió sus manos hacia el altar e imploró a Vesta: "Si durante cerca de treinta años te he servido con devoción y he cumplido a la perfección con todas mis obligaciones sagradas, conservando pura mi mente y casto mi cuerpo, socórreme y no permitas que sufra una muerte terrible; pero si he cometido algún acto impío, permite que la ciudad quede limpia de culpa por mi castigo". Se quitó el velo y lo arrojó sobre el altar, y de las cenizas apagadas brotó una gran llamarada.

También fue éste el caso de Tucia, que, víctima de unas acusaciones parecidas, dijo que quería demostrar su inocencia con un prodigio. Bajo la mirada atenta de toda Roma, descendió caminando hasta el río Tíber, y entonces, tras implorar la ayuda de Vesta, cogió agua en un cedazo y la llevó en él hasta el altar de la diosa sin que se derramara una gota —según otras versiones, la llevó hasta el Foro, donde la vertió en el suelo a los pies de los sacerdotes— tras lo cual su acusador desapareció misteriosamente y nunca nadie volvió a verle más.

Claudia y la Gran Diosa Madre

La Megalesia ("grandes juegos"), la fiesta de la Mater Magna (la gran diosa madre), una gran fiesta de una semana de duración que se celebraba a principios de abril, constituía uno de los momentos más brillantes del año romano. La historia de cómo se introdujo en Roma el culto de esta diosa implica a varios miembros —uno de ellos mujer— de las principales familias de la ciudad. En el año 204 a.C., cuando Aníbal estaba combatiendo a los romanos en Italia, se desencadenó una peste sobre el ejército y los presagios resultaron peores de lo que era habitual. Se consultó los libros sibilinos, y se propuso la solución normal en estos casos: la introducción de un nuevo culto. Se había encontrado una profecía que decía que si se trasladaba el culto de Cibeles de la ciudad frigia de Pesinunte a Roma podría rechazarse a un extranjero que invadiría Italia. Cinco senadores fueron a Pérgamo como embajadores ante el rey Atalo y recibieron la piedra negra sagrada que representaba a la diosa. Se dispuso un barco especial, y la piedra hizo el largo viaje a través del Mediterráneo hasta llegar a la desembocadura del Tíber. El relato que hace Ovidio de lo que sucedió a continuación es el más dramático de todos los que se ocupan de ello:

"Todos los caballeros y los nobles senadores, mezclados con la plebe, habían acudido a su encuentro a la desembocadura del río etrusco. Con ellos avanzan las matronas, las hijas y las recién casadas, y aquellas que honran con su virginidad los fuegos sagrados. Los hombres fatigan sus esforzados brazos tirando del tenso cable, pero el navío extranjero, a duras penas, puede remontar el río a contracorriente. La tierra estaba reseca desde hacía largo tiempo, y la sequía había agostado las hierbas: el barco, atrapado en el limo del fondo, acaba por encallar. Todos cuantos colaboraban en el trabajo se afanan por encima de sus propias fuerzas y tratan de ayudarse lanzando gritos de ánimo; pero la nave permanece inmóvil como una isla en medio del mar. Admirados por semejante prodigio los hombres se detienen y empiezan a ser presa del pánico.

Claudia Quinta hacía descender su linaje del primer Clausus, y era tan hermosa como noble. Era casta, aunque no se la consideraba como tal, pues una maledicente calumnia había enturbiado su reputación y se le acusaba de un delito que no había cometido. En contra suya actuaban su elegancia, las diferentes maneras con que peinaba sus cabellos, y su lengua, dispuesta en todo momento a zaherir a los intransigentes ancianos. Ella sabía que era inocente y con su conciencia tranquila se reía de las falsas habladurías que circulaban sobre su honra, pero todos nosotros somos chusma dispuesta a dar crédito a lo peor.

Claudia se aparta del cortejo de las castas matronas y toma en sus manos el agua pura del río; tres veces rocía su cabeza con ella, y otras tres veces levanta sus manos hacia el cielo. Cuantos la contemplan piensan que ha perdido el juicio. Hincándose de rodillas clava sus ojos en la imagen de la diosa, y con los cabellos despeinados, pronuncia estas palabras:

'¡Oh diosa, fecunda madre de los dioses! ¡Escucha la plegaria que, bajo una condición, te dirige tu suplicante! Se dice que no soy casta. Si tú me condenas confesaré que soy merecedora de ello y expiaré mi delito con la muerte, condenada por una diosa que me ha servido de juez; pero si no existe delito alguno, tú serás la garante de la rectitud de mi vida y tú, casta diosa, obedecerás a mis castas manos.'

Así dijo y tiró del cable con un pequeño esfuerzo. Lo que voy a decir es un prodigio, pero también lo atestiguan las representaciones teatrales; la diosa se deja persuadir y sigue a la que la conduce, y al seguirla la justifica."

La historia se representaba en espectáculos teatrales (celebrados probablemente durante la fiesta) y debía ser muy popular. Sin embargo había otra versión de la historia mucho más triste. El oráculo había ordenado que la diosa fuera recibida por el mejor hombre y la mejor mujer de todo el pueblo romano. El Senado escogió como el mejor hombre a uno que aún no había comenzado su carrera como magistrado pero que (y probablemente no es una mera coincidencia) era primo de aquel Escipión que, siendo cónsul en el año 205 a.C., había dirigido en África la campaña final contra Aníbal. "A mí me gustaría, de buena gana —dice Livio disciplinadamente—, que quedara constancia para la posteridad de cuales fueron exactamente los valores sobre los que ellos basaron su elección, pero sólo si los cronistas de aquel tiempo los hubieran especificado. Yo no voy a intentar hacer conjeturas al azar sobre algo que sucedió hace tanto tiempo."

Claudia (cuyo otro nombre, "Quinta", sugiere que era la más pequeña de cinco hermanas) pertenecía a una gran familia romana, otro de cuyos miembros era, en el año 204, uno de los dos censores, y, por tanto, uno de los encargados de adjudicar los contratos para la construcción del templo de la nueva diosa, Si la influencia del censor pudo tener algo que ver con su elección como "la mejor de las mujeres", es una mera suposición. Su elección podría originar otro honroso acontecimiento en los anales de la familia.

La versión "popular" quizá tuviera su origen en alguien hostil a la familia, pero, como leyenda, es mucho mejor. Desde que se popularizó, fue también la que se utilizó con más frecuencia cuando se tenían intenciones moralizantes. Las mujeres decentes no cuestionaban nunca las opiniones de los ancianos ni expresaban las suyas propias, y ¿para qué querrían mostrarse atractivas ante otros hombres que no fueran sus maridos? Ésta era la opinión normal que sostenían la mayoría de los escritores romanos (aunque Ovidio, en sus intencionadamente "chocantes" poemas eróticos, opte, a menudo, por la contraria). Los hombres se disciplinaban a sí mismos; a las mujeres había que obligarlas a ser buenas. Varias leyendas (probablemente apócrifas) nos muestran de qué manera inculcaban los hombres romanos sus peculiares normas de comportamiento al respecto; por ejemplo a través de la historia de aquella mujer cuya familia la dejó morir por haber cogido sin permiso las llaves de la bodega, o la de aquella que fue repudiada por asistir sin permiso a los juegos, o la de aquella otra que lo fue también por mostrarse en público sin llevar velo.

No sabemos cuándo apareció por primera vez la historia de la Claudia repudiada; Cicerón en el siglo I. a.C. la ignoraba, pero esto no significa necesariamente que no existiera, simplemente que la otra se adaptaba mejor a sus propósitos. Su enemigo político, Publio Clodio, descendiente de una de las grandes familias, tenía una hermana, una "viuda alegre", que era a quien consideraba la verdadera instigadora de una acusación de envenamiento contra Celio, un amigo de Cicerón, en el año 56 a.C. En el discurso que pronunció en su defensa, después de evocar el espíritu de otro famoso antepasado suyo, Apio Claudio el Ciego (censor en el 312 a.C.), y de reprochar a Clodia su comportamiento, Cicerón expuso su opinión personal sobre su modo de vida: "Supongamos, —dijo—, una mujer (no *ella*, por supuesto) que se entrega a cualquiera y que hace ostentación de sus amantes; que se permite todo tipo de licencias en su jardín, en su casa de Roma o en su casa de la playa en Baiae, que paga a los jóvenes" —que, en pocas palabras, es una pícara desvergonzada y manirrota, con costumbres propias de una prostituta—. ¿Qué había hecho Claudia para verse expuesta a esto? Las apariencias estaban contra ella, como también contra Claudia Quinta. Era rica, y se divertía mucho; tenía una casa donde pasaba los días de fiesta y se mostraba con jóvenes en público. Era viuda, pero no hacía nada para ponerse fuera de la circulación, ni —y esto sería lo mejor— volverse a casar.

El divorcio era algo frecuente en Roma y podía ser conseguido fácilmente por ambos sexos, y lo que se esperaba era que tanto las divorciadas como las viudas volvieran a contraer matrimonio. Sin embargo, el principio moral invariable, aunque poco respetado en la práctica, era el de la *univira*, la "mujer de un solo hombre", es decir, aquella que llegaba virgen al matrimonio y que, durante el resto de su vida, no mantenía relaciones con ningún otro hombre. En una sociedad donde todas las mujeres fueran *univira* los hombres deberían haberse podido sentir muy seguros, pero, sin embargo, otras dos historias —una de ellas famosa todavía hoy en día— nos hablan indirectamente de algunas de las inquietudes soterradas de los hombres romanos.

Tiranía, lujuria y revolución: Apio y Virginia

La familia de los Claudios era una de las más antiguas y nobles de Roma, y estaban orgullosos de su historia. En el 79 a.C., un Claudio que era cónsul tenía colgados escudos, en los que se encontraban grabadas las hazañas de su familia, en las paredes del templo de Belona, la diosa de la guerra, fundado al menos trescientos años antes por su antepasado antes por Apio Claudio el Ciego.

Sin embargo, en Roma había también otra tradición anti-Claudia, igualmente arraigada, que les acusaba de arrogancia innata y de mantener actitudes altaneras hacia la plebe. Uno de los peores, según la historia, fue Apio Claudio el Decenviro, cónsul en el 451 a.C. Era uno de los diez encargados (*decenviros*) elegidos aquel año para redactar el primer código legal de Roma. El resultado fueron las Doce Tablas, diez de ellas redactadas el primer año, y dos más en el 450 por otra comisión de diez personas; únicamente Apio formó parte de ambas. La segunda comisión, por instigación de Apio, se negó a dimitir una vez acabado su trabajo y comenzó un reinado del terror en Roma.

Apio deseaba a una joven plebeya —algunas versiones le dan el nombre, muy adecuado, de Virginia, y a su padre el de Virginio—, que estaba prometida con un plebeyo muy comprometido políticamente, Icilio. Cuando Apio fracasó al intentar seducirla, ordenó a uno de sus deudos, Marco Claudio, que la reclamara como esclava suya. Según lo convenido, una mañana cuando ella llegó al Foro en compañía de su sirvienta, él la cogió poniendo al pueblo por testigo de que ella era su esclava. La llevó al tribunal, y, por supuesto, Apio fue quien juzgó el caso.

Virginio no podía defenderse pues se encontraba fuera de la ciudad, con el ejército; el caso podría haber sido juzgado sin su presencia, pero la presión de los asistentes forzó a Apio a aplazarlo hasta el día siguiente. Sin embargo, como su padre no se encontraba presente para encargarse de su custodia, Apio y Marco intentaron retenerla durante toda la noche. El novio de Virginia se resistió con energía —sabía cuál era el tipo de trato que podría esperar una esclava— y llamó a los romanos en su ayuda: "Voy a casarme con ella, y pretendo hacerlo con una mujer virgen. Tú has esclavizado al pueblo, privándole de sus derechos políticos, pero eso no quiere decir que puedas comportarte como amo nuestro y satisfacer tu lujuria con nuestras mujeres e hijas".

Apio dio marcha atrás y permitió que Virginia quedara libre aquella noche. Sus amigos hicieron volver a su padre rápidamente; una carta dirigida por Apio al comandante del ejército ordenando que le detuvieran llegó demasiado tarde, y Virginio compareció ante el tribunal al día siguiente. No obstante, Apio no le permitió hacer el alegato en su defensa, sino que, inmediatamente, se pronunció en favor del que reclamaba a Virginia como su dueño, evitando, con la ostentosa presencia de su escolta, cualquier posibilidad de una revuelta popular. Virginio solicitó asistir al interrogatorio del que reclamaba a su hija, en presencia de Virginia.

Mientras pasaban al lado del Foro, Virginio cogió un cuchillo de una carnicería y mató a su hija de una puñalada, mientras gritaba llorando: "¡Sólo así conseguirás ser libre!" Virginio escapó a los soldados y les incitó a amotinarse, mientras que Icilio y el tío de Virginia hacían lo mismo con los ciudadanos. El resultado fue una revolución. Los *decenviri* fueron depuestos y la plebe volvió a poder elegir de nuevo a sus tribunos, para que les protegieran de los abusos arbitrarios de los magistrados.

La violación de Lucrecia

Tiranía, lujuria y revolución son también los ingredientes de una de las historias más famosas de la antigüedad. Éste es el relato de Livio: En el año 509 a.C. Tarquinio el Soberbio declaró la guerra contra Ardea, sin otras razones para ello que su propio despilfarro: sus ambiciosos programas constructivos habían dejado exhaustas las arcas públicas, y, además, necesitaba también apaciguar el resentimiento de su pueblo por los trabajos serviles que les había obligado a desempeñar. Una noche, durante el sitio de Ardea, los hijos del rey estaban bebiendo con Coriolano, uno de sus deudos, y empezaron a discutir sobre cuál de ellos tenía la mejor mujer. Por sugestión de Coriolano, decidieron volver a Roma para sorprender de improviso a sus mujeres y enterarse de lo que éstas estaban haciendo durante su ausencia.

A las mujeres de los príncipes las sorprendieron disfrutando con amigos suyos de cenas suntuosas. Luego fueron a Collatia y allí encontraron a Lucrecia ocupada en aquellas cosas que eran características, como querían creer los romanos, de las antiguas virtudes ya en decadencia. Estaba en su casa sentada en medio de sus esclavas, hilando todavía aunque ya era muy tarde. Venció Coriolano; pero la probada honestidad de Lucrecia, y su belleza, excitaron la lascivia de Sexto Tarquinio, uno de los hijos del rey.

Algunos días después, Sexto hizo una visita secreta a Collatia y fue recibido como huésped. Cuando llegó la noche entró con la espada desenvainada

El suicidio de Lucrecia, grabado por Marco Antonio Raimondi según un dibujo de Rafael, hacia 1511. La inscripción griega dice: "Es mejor morir que avergonzarte de vivir".

en la habitación de Lucrecia y la despertó; le declaró su amor, le rogó, le amenazó, pero no consiguió nada. Entonces le dijo que la mataría a ella y a un esclavo, y que colocaría el cuerpo desnudo del esclavo sobre ella, para que todos creyeran que había sido sorprendida, y muerta, en adulterio flagrante. Lucrecia accedió. Después de la violación envió mensajes a su padre y a su marido para que regresaran a casa, cada uno de ellos con un amigo; Collatino llevó a Lucio Juno Bruto. Cuando Collatino le preguntó que qué era lo que sucedía, ella respondió: "¿Qué puede hacerse con una mujer ha perdido su castidad? La huella de otro hombre está en vuestra cama, pero sólo ha violado mi cuerpo; mi conciencia está completamente limpia, como demostrará mi muerte. Jurad que os vengaréis del adúltero".

Todos los hombres juraron hacerlo, y después intentaron consolarla. La habían violado, sí —le dijeron—, pero ella no era culpable; lo importante eran las ofensas, no el cuerpo, y donde no hay intención no hay culpa. A lo que Lucrecia respondió: "Vosotros podéis juzgar es lo qué *él* se merece. Yo me absuelvo a mí misma de haber obrado mal, pero no me considero exenta de recibir un castigo, y de ahora en adelante, siguiendo mi ejemplo, ninguna mujer que haya perdido su castidad podrá seguir viviendo".

Después ella misma se atravesó el corazón con un puñal que llevaba escondido en su vestido. Sus parientes quedaron anonadados por el dolor, pero Bruto cogió el puñal tinto en sangre y juró destruir a los Tarquinios y abolir la monarquía. Bruto había conseguido sobrevivir durante el reinado de Tarquinio el Soberbio (y se dice que así fue cómo recibió el *cognomen* de "bruto") haciéndose pasar por bobo e inofensivo; ahora dejó de fingir. Collatino, Lucrecio y Bruto llevaron el cuerpo de Lucrecia al Foro y allí éste hizo arengo al pueblo para que se levantara contra los Tarquinios. El resultado fue una revolución, y el comienzo de la república romana.

Lucrecia: el desarrollo posterior de una leyenda

Esta historia ha fascinado durante dos mil años a artistas y escritores, desde Ovidio, que, aunque sigue de cerca a Livio, insiste en sus aspectos eróticos especulando sobre los sentimientos de Lucrecia durante la violación, hasta Ted Hughes, el moderno poeta laureado. Es el tema de uno de los dos largos poemas de Shakespeare (el otro es *Venus y Adonis*), que Hughes considera mitos religiosos, que sirven como patrones para la elaboración de todas las obras teatrales de Shakespeare desde *Bien está lo que bien acaba* hasta *La tempestad*.

Muchos escritores, como los dramaturgos ingleses Thomas Heywood y Nathaniel Lee, el reformador protestante Heinrich Bullinger en el siglo XVI, y Voltaire en Francia, escribieron dramas en los que se daba más importancia a la figura de Bruto y a la caída de la monarquía que a la desgracia de Lucrecia. Shakespeare apenas da importancia a la dimensión política de la historia, lo que a él le interesa son las confusas reflexiones internas de Tarquinio y especialmente de Lucrecia, complicadas con el añadido de ideas cristianas sobre el pecado y la culpa. Ronald Duncan, el autor del libreto de la ópera de Benjamin Britten *La violación de Lucrecia* (1947), introduce comentaristas cristianos organizando la acción. Sin embargo, nadie aborda el problema planteado, pero no resuelto, en Livio: ¿Por qué tenía que morir Lucrecia?

La respuesta aparente que puede encontrarse en las últimas palabras de Lucrecia ("a partir de ahora, por el ejemplo de Lucrecia, no podrá continuar viviendo ninguna mujer que haya perdido su castidad") no es, en absoluto, una respuesta: Si Lucrecia era inocente, en lo que insisten sus propios parientes, ¿por qué habría que considerarla como un precedente para aquellas que, voluntariamente, pierden su castidad?

San Agustín establece claramente los términos del problema. La mayor parte de los primeros escritores cristianos no encuentran ninguna dificultad en sostener la idea de que es preferible la pérdida de la vida que la de la castidad, aunque ésta se produzca involuntariamente. Para San Agustín, sin embargo, el tema de la culpabilidad o la inocencia mental es de suma importancia; él se niega a condenar la decisión de aquellas monjas que decidieron no suicidarse a pesar de que habían sido violadas por los bárbaros cuando saquearon Roma en el año 410 d.C. El tema de Lucrecia lo trata por extenso en *La ciudad de Dios*, y plantea un dilema: si Lucrecia, en su fuero interno, hubiera consentido la violación, sería adúltera y su muerte sería un castigo justo, pero si en conciencia era inocente, entonces su muerte es un suicidio y, por tanto, un pecado. "Si era adúltera ¿por qué la alaban? y si era casta ¿por qué muere?"

Violación y política

Desde el punto de vista de los romanos, la respuesta no implica una discusión sobre la culpabilidad o la inocencia de Lucrecia, sino sobre el aspecto político de la historia. Para los romanos la violación y la muerte de Lucrecia, como el intento de violación y muerte de Virginia, son sucesos que tienen un alcance político mucho mayor pues implican al mundo de los hombres.

Para Livio y sus contemporáneos estas historias tenían una especial relevancia, pues demostraban hasta qué punto los deseos y las pasiones desenfrenadas de los hombres que se anteponían sus propios intereses a los del Estado fueron al mismo tiempo síntoma y causa de las turbulencias que sacudieron los momentos finales de la república, y que acabaron por colapsar lo que entendían ellos como un gobierno democrático. Había que volver a ponerlas bajo control, y una parte del programa de Augusto para reformar el desgarrado cuerpo de la sociedad romana consistió en la introducción de nuevas y severas leyes que convertían al adulterio en un delito criminal, merecedor de un castigo severo. Era una especie de lección sacada de un retrato fiel del comportamiento de Apio, de Tarquinio y del hijo de éste, y de cuáles fueron sus consecuencias.

Lucrecia y Virginia fueron el detonante para la lujuria de los tiranos Tarquinio y Apio. El ultraje contra ellas fue una violación de los derechos de un padre y un marido sobre su propia familia, y sentó un mal precedente (éste era un principio legal reconocido en el derecho romano: los insultos o injurias a una mujer, o a un esclavo, se consideban como ofensas a su padre, su marido o su dueño). Las muertes de Lucrecia, que es ahora uno de "los bienes estropeados", y de Virginia, que parece que estuvo a punto de haberlo sido por la fuerza, implican la noción de que en ningún caso ese tipo de ofensas podían considerarse tolerables y que así contribuían a mantener el orden y el respeto mutuo entre los hombres romanos. La exhibición pública de los cadáveres supone también el grado de provocación necesaria para que el resto de los hombres de la comunidad se unan contra el tirano que restringe sus libertades.❐

Algunos dioses, viejos y nuevos

omo ya hemos visto, los dioses principales del panteón romano habían sido asimilados o identificados con los grandes dioses olímpicos griegos, y sus genealogías y las historias que contaban sobre ellos los escritores romanos habían sido tomadas de sus prototipos olímpicos. En Roma se introdujeron varios dioses extranjeros, que no tenían sus equivalentes romanos. También estaban los propios dioses menores de los romanos, honrados por ellos, privada y públicamente, con altares, ofrendas y rituales, pero sobre los que apenas había historias que contar, y, algunas veces, ni siquiera tenían una idea clara de cuál era su naturaleza ni su identidad.

Un dios olvidado: ¿Quién era Vediovis?

En Roma había dos templos consagrados a Vediovis (llamado a veces Veiovis o Vedius), en el calendario romano se señalaban tres fiestas dedicadas a él: el 1 de enero, el 7 de marzo y el 21 de mayo. Las dos primeras correspondían a los aniversarios de la dedicación de dichos templos, acontecidas respectivamente en los años 194 y 192 a.C., levantados en el Capitolio sobre el emplazamiento de otro mucho más antiguo en el que los arqueólogos han encontrado ofrendas datables del siglo VII a.C. Varrón dice que fue Tito Tacio, el rey de los sabinos, quien introdujo en Roma el culto de Vediovis; Ovidio cree que su templo se encontraba edificado en el lugar donde había erigido Rómulo su santuario; y Livio piensa que ambos templos estaban dedicados a Júpiter.

¿Quién era Vediovis y de dónde venía su nombre? Ovidio dice confidencialmente que "era Júpiter de joven (*iuvenis*)". Detrás de su estatua había una imagen de una cabra, y Júpiter, de niño, fue alimentado con leche de cabra por las ninfas de Creta. Y explica así su nombre: "Los agricultores llaman *vegrandia* a los trigos mal logrados, y *vesca* a los que son pequeños. Si ése es el sentido del prefijo *ve* ¿por qué no suponer que Vediovis es el pequeño Júpiter?".

En el siglo II d.C. un abogado llamado Aulo Gelio publicó sus *Noches áticas*, veintidós volúmenes de pequeños ensayos sobre una gran variedad de tópicos (hoy en día, podría tener una columna fija en la "sección de sociedad" de cualquier periódico), e intentó explicar quién era Vediovis, cuyo nombre se debería a una combinación (*iuvando*) de los de Iove y Diovis con el prefijo *ve* —una partícula negativa, por lo que Vediovis es "Anti-Jove", una deidad maligna—. En ocasiones se confundió a Vediovis con Apolo debido a que, en el altar que se le había dedicado en el Capitolio, su imagen llevaba unas

Relieve de un sarcófago mostrando las imágenes de los Dióscuros y de Júpiter, llevadas en un carro cubierto, probablemente en el transcurso de una procesión religiosa.

flechas que, obviamente, simbolizaban su capacidad destructiva. Claro que Gelio no sabía, al respecto, más que cualquier otro.

Algunos de estos dioses "emigrantes" poseían una historia referente a ellos, que normalmente se encontraba relacionada con la forma en que se introdujo su culto en Roma. Veamos dos ejemplos.

Los Dióscuros

Cástor y Polydeuces (Polux para los romanos), los "hijos de Zeus" (*Dios kouroi*) especialmente venerados en Esparta, eran, según los griegos, hermanos de Helena de Troya e hijos de una mortal, Leda. Zeus, que la había seducido disfrazado de cisne, era el padre de Polux, pero su hermano gemelo Cástor era hijo de Tindareo, el marido de Leda, y por tanto era un mortal. Como hijo de Zeus, Polux era inmortal, pero rechazó aquel privilegio si no podía disfrutarlo también su hermano Cástor, llegando finalmente a un acuerdo con Zeus según el cual ellos repartirían sus días alternativamente entre el mundo superior y el inferior. Ellos dos eran los protectores de los marineros (y a menudo aparecen con estrellas sobre sus cabezas) y cabalgaban en corceles blancos.

En el año 499 o en el 496 a.C. los romanos libraron una gran batalla junto al lago Régilo, cerca de Tusculum, y derrotaron a los latinos. Durante la batalla, se pudo ver a dos jóvenes cabalgando sobre caballos blancos entre las filas de los romanos. Inmediatamente después de terminar el combate se aparecieron de nuevo, esta vez en el Foro romano, y anunciaron la victoria. Traían a sus caballos bañados en sudor, los refrescaron en un estanque consagrado a la ninfa Juturna (que, según Virgilio, era hermana de Turno), y después desaparecieron. No era la primera vez que los Dióscuros se aparecían en mitad de una batalla y la historia de Grecia recoge una o dos apariciones similares.

Algó más de tres siglos después de la batalla del lago Régilo, en el 168 d.C., una noche, ya tarde, dos hermosos jóvenes montados en caballos blancos se aparecieron a un hombre llamado Publio Vatinio cuando se dirigía hacia Roma y le comunicaron que el general romano Lucio Emilio Paulo acababa de derrotar a Perseo, el rey de Macedonia. Publio Vatinio informó de esto al Senado, pero como pensaron que se trataba de una burla, le encarcelaron por menosprecio de su dignidad. Poco después llegó un mensaje de Paulo anunciando su victoria en la batalla de Pidna, y Vatinio quedó en libertad, recibiendo unos terrenos como recompensa. Se dice que, también en esta ocasión, los visitantes divinos refrescaron sus caballos en el estanque, y, en cualquier caso, se encontraba inexplicablemente abierto el templo contiguo, dedicado únicamente solo a Cástor (a consecuencia de un voto hecho por el general romano durante la batalla del lago Régilo), y es que los romanos prefirieron siempre a Cástor, el jinete, que a Polux, el boxeador, e incluso en ocasiones se referían a ellos como "los Cástores".

En el año 304 a.C. se instituyó una fiesta en su honor, el 15 de julio, consistente en un desfile ecuestre, que, en los años censales (cada cinco años aproximadamente), incluía también una revista a los escuadrones de caballería del ejército. Durante un tiempo la celebración de este desfile cayó en desuso, pero Augusto la recuperó y la celebró con gran esplendor. Este desfile, en el que llegaron a participar cinco mil jinetes, con la cabeza coronada de laurel, vistiendo sus uniformes y llevando todas sus condecoraciones, comenzaba en el templo de Marte, fuera de los límites de la ciudad, y terminaba en el foro.

De hecho, lo que hicieron los romanos fue apropiarse de dos dioses que ya recibían culto entre los latinos. En una placa de bronce encontrada en Lavinium, que se puede fechar en los siglos VI o V a.C., se encuentra una dedicatoria "a los *kouroi* Cástor y Polux", que parece una traducción directa del griego. En Lavinium hubo una fuente de Juturna y en las proximidades de Ardea un templo dedicado a los Dióscuros, a quienes algunos identifican con los Grandes Dioses, los Di Penates ("protectores del hogar"), llevados primero de Samotracia a Troya, y luego, con Eneas, a Italia.

Mientras Ascanio estaba edificando Alba Longa, sucedió un extraño prodigio. Se construyó en Alba un templo consagrado a los dos dioses, y se les llevó desde Lavinium hasta su nueva morada, pero, sin embargo, desaparecieron durante la noche a pesar de que las puertas del templo se encontraban fuertemente cerradas y no se pudo encontrar ningún tipo de desperfecto en sus paredes ni en su techumbre. Se les encontró después en Lavinium, sobre sus antiguos pedestales; se les trasladó de nuevo a Alba, con las oraciones y sacrificios propiciatorios correspondientes, pero otra vez volvió a suceder lo mismo, así que, finalmente, decidieron dejarlos en Lavinium y enviar desde Alba a algunos hombres para que atendieran su culto. En tiempos históricos los magistrados romanos acudían una vez al año a Lavinium para ofrecer sacrificios a los Penates y a Vesta; pero, sin embargo —o al menos así lo creían—, los verdaderos Penates se custodiaban en la misma Roma, en el templo de Vesta, junto con el Paladium, una imagen sagrada de Palas Atenea traída de Troya por el propio Eneas y a la que se vinculaba la Fortuna del pueblo romano.

Los nombres de Cástor y Polux, junto al de Hércules, otro emigrante, se convirtieron en muy familiares para los romanos, que los usaban para sus juramentos, aunque, curiosamente, de una manera muy especial: las mujeres, pero raramente los hombres, decían *mecastor*; ambos, hombres y mujeres, decían indistintamente *edepol*, pero no se podía imaginar a una mujer diciendo *mehercle* —quizá porque a ellas no se les permitía tomar parte en las ofrendas de alimentos dedicadas a Hércules en el Ara Maxima (el "altar mayor")—.

Hércules y Caco

En Roma el Ara Maxima se encontraba en el Foro Boario (el mercado de ganado) y constituía el centro de un culto especial a Hércules, aunque no se sabe con certeza si se hizo popular entre los mercaderes por su situación o, como suponen algunos, porque había sido introducido en Roma a través de los tratantes fenicios —se podría identificar con su dios Melkart— y venerado después por los comerciantes debido a los viajes que se vio obligado a efectuar y a su reputación como protector contra las enfermedades. En cualquier caso los romanos tuvieron su propia historia que contar sobre su culto. Su Hércules tiene algunas de las cualidades personales de su modelo griego, pues no sólo le consideraban como el héroe que libraba a la humanidad de monstruos terribles, sino que también se lo imaginaban como un personaje musculoso, codicioso y no demasiado brillante, que tenía un carácter sumamente irascible.

Cuando, tras haber cumplido su décimo trabajo, regresaba del lejano oeste conduciendo la manada que había quitado a Gerión, el monstruo de tres cuerpos, Hércules llegó al Tíber y se detuvo a descansar en una pradera junto al río. Harto de comer y beber, se tumbó a dormir, y un pastor de aquellos lugares, un hombre fuerte y fiero llamado Caco, le robó los mejores animales de la manada y para disimular sus huellas, los llevó hasta su cueva haciéndoles andar hacia atrás arrastrándoles por la cola. Hércules, que sólo veía huellas que salían de la cueva, mordió el anzuelo, y echó a andar llevándose el resto de la manada; entonces algunas de las vacas comenzaron a mugir y las que se encontraban en el interior de la cueva respondieron. El truco había sido descubierto: Hércules siguió a Caco y le golpeó con su maza hasta matarle.

Ésta es la "verdadera" historia, tal y como la cuenta Livio. Virgilio, en la *Eneida*, convierte el episodio en una hazaña sobrenatural, terrible y fantástica, de tal manera que, al leerlo, parece como si estuviéramos leyendo el guión para el departamento de efectos especiales de un estudio cinematográfico. El Caco de Virgilio no tenía apariencia humana, sino que era un monstruo hediondo, descendiente de Vulcano, que echaba fuego por la boca y que vivía

Procesión de jinetes, precedidos por músicos dirigiéndose hacia una capilla en la que se está efectuando un sacrificio: relieve de una urna funeraria (hacia el año 100 a.C.).

en una cueva. Odiaba al género humano. Alrededor de su cueva, en el monte Aventino, el suelo hedía por la sangre derramada a raudales y en torno a la entrada colgaban cabezas humanas putrefactas. Era un cobarde; cuando Hércules le persiguió, él se dio la vuelta, se escondió en su cueva y bloqueó la entrada cortando la cadena que sujetaba una enorme roca, colocada por su padre Vulcano, que cayó de tal manera que quedó inamoviblemente encajada entre las jambas de su puerta. Hércules empleó toda su fuerza, pero no pudo moverla ni consiguió, tampoco, encontrar otra entrada; finalmente subió a lo más alto de la colina y arrancó por su base la gran roca que servía de techo a la cueva; se desplomó con el ruido de un trueno; la tierra tembló y el río retrocedió en su curso. La luz del día se derramó por el interior del pestilente antro, descubriendo a Caco acurrucado cobardemente en una esquina y aullando. Hércules le arrojó encima todo aquello que podía lanzar con sus manos, pero Caco vomitó fuego y una gran humareda negra y espesa que le ocultó. Hércules saltó a través de las llamas y el humo, agarró a Caco y, literalmente, hizo un nudo con él, luego le estrujó hasta que los ojos le saltaron de las órbitas. Abrió violentamente la puerta, y arrastró fuera su cuerpo.

Después de la muerte de Caco, la gente de aquel lugar, dirigida por Evandro, instituyó un ritual en honor de Hércules en agradecimiento por haberles librado de su opresor. Todos los años el 12 de agosto se sacrifican bueyes y se celebra una fiesta. Dos familias romanas, los Poticios y los Pinarios, eran las encargadas del culto. Los Pinarios llegaron con retraso a la primera fiesta, y no pudieron recibir una parte de las vísceras, y desde entonces ellos nunca jamás participaron de esta parte del sacrificio. En el año 312 a.C. el estado se encargó del culto (Livio alude a algunos hechos poco claros). Apio Cludio (llamado después "el Ciego"), censor durante aquel año, autorizó a los Poticios para instruir a esclavos públicos en el ritual para que les asistieran en él; por eso todos los Poticios murieron en un mismo año, y su familia y su nombre se extinguieron, y por eso también, poco tiempo después, Claudio quedó ciego (de hecho el nombre de los Poticios no ha vuelto a aparecer jamás en las páginas de la historia, aunque todavía en épocas posteriores sobrevivieron algunos Pinarios).

El ritual tenía algunas peculiaridades: no se admitía a ninguna mujer en el banquete sacrificial, ni se podía invocar a otros dioses, ni podía penetrar ningún perro en el recinto. Plutarco tenía sus propias opiniones para explicar estos hechos: no se podía mencionar a ningún otro dios porque Hércules era sólo un semidiós; se excluía a las mujeres porque Carmenta (véase p. 21) llegó tarde; y respecto a los perros porque Hércules no podía soportarlos después de su aventura con Cerbero, el perro de tres cabezas que guardaba las puertas del Hades, y porque el motivo de la pelea en la que resultó muerto su hermano gemelo fue una discusión sobre un perro.

Propercio, en un poema épico burlesco, daba una explicación diferente al hecho de que no se admitiera a las mujeres. La muerte de Caco fue un trabajo que le produjo sed, y cuando Hércules preguntó si podía beber en una fuente que había en un altar consagrado a las Diosas Buenas (cuyos ritos eran secretos y estaban reservados a las mujeres), las sacerdotisas le prohibieron la entrada. Hércules derribó las puertas y bebió, después se volvió y dijo a las sacerdotisas que iba a levantar allí un altar dedicado a sí mismo como una acción de gracias por haber recuperado su ganado, pero que ninguna mujer podría participar en *sus* ritos.

Caco y Caco

Hay otra versión de la historia, basada en escritores romanos que data como pronto del siglo II a.C. El ganado pertenecía a un pastor griego llamado Recarano, o Garano, de quien se decía que era "un Hércules" por su tamaño y su fuerza; Caco, un esclavo de Evandro, le robó las reses y cuando Evandro descubrió lo que había sucedido le devolvió el ganado y le entregó a Caco para que lo castigase.

¿Se trata simplemente de una versión desmitificada de la historia de Hércules, o, como sugieren algunos, una historia itálica diferente que se ha fundido con ella? "Recarano" y "Garano" parecen sendas corrupciones del nombre de Gerión, pero fue Hércules y no Caco, el esclavo, quien le robó las reses. En cualquier caso, se ha señalado que "Caco" es la palabra griega para significar malo (*kakos*), y Evandro quiere decir literalmente "hombre bueno"; así el llamar Caco al ladrón ayudaba a los romanos a explicar el nombre de un tramo de escaleras que llevaban del Foro Boario al Palatino.

Con esto no se agotan, en absoluto, las leyendas sobre Caco. Neo Gelio, un cronista romano del siglo II a.C., dice que Caco vivía cerca del Tíber. El rey

Marsias le había enviado, en compañía del frigio Megales, como embajador ante el rey etrusco Tarcón, que le hizo prisionero. Se escapó y regresó a su lugar de origen; después volvió de nuevo con refuerzos y conquistó los territorios alrededor de Vulturno y Campania. Cuando intentó conquistar también aquellos territorios que habitaban los arcades (por ejemplo, Evandro y su pueblo), le mató Hércules, que andaba por allí. Megales se quedó entre los sabinos y les enseñó, el arte de los augurios.

El rey Tarcón, hijo o nieto de Hércules, era el fundador de la ciudad etrusca de Tarquinia y conocía el arte de la adivinación. Un día un campesino estaba arando en Tarquinia, cuando brotó de uno de los surcos un ser con pelo cano y cara de niño; se llamaba Tajo, y les reveló a Tarcón y a los reyes de las demás ciudades etruscas el arte de adivinar a través del vuelo de las aves y las entrañas de los animales. Según la mitología griega, Marsias era un sátiro que tocaba la flauta que se atrevió a desafiar a Apolo, que tocaba la lira, a un concurso musical y perdió, siendo desollado vivo como castigo. Antiguamente se creía que los etruscos llegaron a Italia procedentes de Lidia y Gelio creía que fue Marsias el rey lidio que fundó una ciudad junto al lago Fucino.

Esta historia se sitúa en el período mitológico anterior a la fundación de Roma, pero contiene el germen de una explicación entre los distintos reinos etruscos en diferentes lugares de Italia en el siglo VI a.C.; hasta entonces se habían extendido hacia el norte y el sur, fundando colonias en el norte de Italia y en lugares tan alejados hacia el sur como la Campania.

"Caco" se encuentra perfectamente documentado en la iconografía etrusca. Aparece como el compañero de "Artile" en un espejo de bronce del siglo II a.C. Este Caco no es un monstruo, ni un tosco pastor, sino un hermoso joven, evidentemente un adivino. Está tocando la lira y Artile, quizá su ayudante, mira un díptico en el que hay algo escrito; los dos hombres que acechan tras él —quizá esperando beneficiarse del profundo conocimiento que podía proporcionarles su sabiduría— no son otros que Celio y Aulo Vibena, a los que ya conocemos (vease p. 43). Una vez más la historia y el mito vuelven a mezclarse.

La manera en la que Caco, el adivino etrusco, se ha ido transformando poco a poco en Caco, el monstruo romano —y las razones concretas por las que en determinados momentos los romanos han visto estas historias desde un ángulo diferente— ha sido objeto de muchas discusiones e hipótesis en épocas recientes. Hay una cosa que está clara: una vez más hemos sorprendido a los romanos "escribiendo" una historia alternativa, etrusca, de la Italia central.◻

Caco y Artile (arriba), rodeados por los Vibena y observados por un sátiro; dibujo de un espejo de bronce procedente de Bolsena.

Estatuilla de Hércules (izquierda), en bronce, realizada en Umbría (en el centro/este de Italia) en el siglo v a.C.

Un Lar (derecha), llevando un cuerno para beber y un plato para libaciones.

Mango de una patena de plata (abajo): debajo de una imagen de la Fortuna se encuentra una capilla en el campo, y a sus pies una mujer ofreciendo un sacrificio ante un altar.

Cultos y fiestas

L os romanos celebraban multitud de cultos religiosos, en privado y en público. En el campo, los granjeros hacían sacrificios para que los dioses les fueran propicios antes de iniciar cada uno de sus trabajos. A principios del
siglo II a.C., Catón el Mayor nos da una gran cantidad de detalles sobre estos ritos
en su libro de agricultura; doscientos años después, un poeta romántico, Albio
Tibulo, fantasea con un idilio rural y con que su amada es una granjera, a la que
imagina haciendo pequeñas ofrendas de uvas o trigo, o libaciones de vino. Las
casas romanas tenían un altar en el que diariamente se hacían ofrendas ante las
imágenes del Genius (un espíritu protector) del cabeza de familia, de los Penates
(dioses de las despensas) y de los Lares. También había Lares públicos (los Lares
Compitales) en el campo y en las ciudades, que protegían las encrucijadas en los
que se juntaban distritos rurales y urbanos. Sus fiestas eran ocasión para alegres
festejos vecinales, y el emperador Augusto aprovechó esta función social vincu-
lando su culto al del Genius del emperador. Ni los Lares públicos ni los de las
casas particulares tuvieron nunca nombres ni historias propias.

En el calendario romano se enumeran docenas de ceremonias religiosas
públicas, aunque nosotros conocemos sólo cómo se desarrollaban unas pocas.
Vamos a ver en qué consistían tres de las más coloristas.

Anna Perenna

La fiesta de Anna Perenna se celebraba en los Idus de Marzo (el 15), el día
en que Julio César murió asesinado el año 44 a.C. Hasta el año 153 a.C., aproximadamente, el año comenzaba el 1 de marzo, por lo que los Idus venían a
coincidir con la primera luna llena del año nuevo. El día anterior, el 14, según
cuenta un escritor romano tardío, se azotaba y expulsaba de la ciudad a un
hombre cubierto de pieles (exactamente lo mismo que solía hacerse en las
granjas de la isla de Lewis con la Eva del Año Nuevo).

El nombre de Anna Perenna sugiere que era una personificación del ciclo
anual, imaginado como una anciana. Como es habitual, Ovidio ofrece varias
explicaciones distintas. Según una de ellas, quizá una invención suya, se trataba de la hermana de Dido. Tras la muerte de aquella reina, una tribu local
invadió Cartago, Ana huyó en barco y el azar la llevó hasta las costas del Lacio;
Eneas la encontró y la condujo hasta su palacio, pero su mujer Lavinia, devo-
rada por los celos, planeó su muerte. Prevenida en sueños por su hermana
Dido, Ana escapó y fue arrastrada por el río Númico; los que la buscaban escu-
charon una voz, procedente del agua, que les decía que se había convertido

Un penate, con una cornucopia y un plato de libaciones.

Vino, mujeres y baile en una fiesta: pintura procedente de una tumba de Roma.

en una ninfa: "Me escondo en un río que siempre corre (*amne perenne*), y me llamo Anna Perenna".

Pero Ovidio considera más verosímil la historia según la cual, durante la primera Revuelta de los Plebeyos, el pueblo, que había ido al Monte Sagrado, comenzó a agotar sus alimentos. Allí se encontraba una anciana, llamada Ana, que había nacido fuera de la ciudad, en Bovilla, y que era pobre pero industriosa. Con sus viejas manos temblonas horneaba hogazas de pan, y cada mañana las llevaba, recién hechas, y las repartía entre la plebe. Más tarde, y en señal de agradecimiento, erigieron una estatua en su honor.

Su fiesta se celebraba junto la primera piedra miliar de la Vía Flaminia, al norte de Roma. La gente llevaba su comida y se sentaba en la hierba; algunos llevaban tiendas, otros construían cabañas con ramas y cañas; todos bebían vino, pidiendo tantos años de vida como copas fueran capaces de beber —y naturalmente trataban de beber las más posibles—; luego cantaban canciones populares, aprendidas en el teatro, y bailaban. Normalmente volvían a casa haciendo eses, todos completamente borrachos.

Ovidio añade que las muchachas cantaban versos obscenos, y explica por qué: recuerdan una artimaña urdida por Ana. Un día, poco después de convertirse en diosa, Marte la llamó para que le ayudara; le dijo que se había enamorado de Minerva y que intentaba casarse con ella (otros autores dicen que se trataba de una diosa llamada Nerio que se casó con Marte). Ana le dio largas, pero finalmente le dijo que Minerva estaba de acuerdo. Marte se fue a casa a preparar el lecho nupcial y la novia fue escoltada hasta él, con un velo que le ocultaba la cara, pero resultó ser Anna.

Nonas caprotinas: la fiesta de las esclavas

Se celebraba en las nonas de Julio (el 7), y era también un día de picnic. La historia de su origen es la del rapto de las Sabinas pero al revés.

Poco después del año 390 a.C. los latinos habían atacado el territorio romano y enviaron mensajeros a Roma exigiendo que se les entregaran tres doncellas libres casaderas. Los romanos acababan de recuperarse del saqueo de

Estatuilla de Marte procedente de Gran Bretaña, hecha por un artesano galo o británico, seguramente a partir de un original itálico.

la ciudad por los galos, y no deseaban una nueva guerra en absoluto, sino más bien evitarla a toda costa, pero les preocupaba que las "novias" fueran destinadas sólo como rehenes. Una esclava llamada Tutula, o Filotis según otros, explicó a los magistrados lo que tenían que hacer: que escogieran a aquellas esclavas que tuvieran un porte más aristocrático, que las vistieran como novias nacidas libres, adornadas con joyas de oro, y que las enviaran con Tutula (o Filotis) al campamento latino situado cerca de la ciudad.

Fingiendo que aquel día era un día de fiesta para los romanos, las mujeres consiguieron emborrachar a los latinos, y durante la noche les quitaron sus espadas mientras que Tutula enviaba a los magistrados la señal secreta que habían convenido previamente. Se subió a lo alto de una higuera silvestre y levantó una antorcha encendida, tapándola por detrás con sus ropas para que los latinos no vieran la luz. Cuando recibieron la señal, los magistrados llamaron rápidamente a los soldados, que salieron fuera de la ciudad y, no sabiendo lo que pasaba, en la confusión cada uno llamaba a los otros. Cayeron sobre el campamento de los latinos mientras estaban aún dormidos y mataron a la mayor parte de ellos.

Y son estos sucesos, según Plutarco, los que se conmemoran en esta fiesta. Un gran número de jóvenes esclavas, alegremente vestidas con las ropas de sus amas, salen corriendo por la puerta de la ciudad gritando nombres corrientes de hombre, como "Cayo", "Marco", "Lucio" y otros semejantes. Se burlan de todos los hombres con quienes se encuentran y luego se pelean alegremente entre ellas en una especie de batalla burlesca. Después, se sientan y celebran un banquete bajo unas enramadas hechas con ramas de higuera.

Varrón dice que las Nonas se llamaron *Caprotinas* porque ese era el día en que, en el Lacio, las mujeres ofrecían sacrificios a Juno Caprotina bajo una higuera silvestre, ofreciéndole jugo de higos en lugar de leche, y utilizando en el ritual un palo del arbol (quizá golpeándose unas a otras como en una pelea burlesca), y, como señala un autor más tardío, participaban en esta ceremonia tanto las mujeres libres como las esclavas. Esta fiesta puede haber sido una especie de versión femenina de las Saturnalias, celebradas en el mes de diciembre, durante las cuales los amos servían a sus esclavos —una válvula de escape normal para mantener el orden social establecido—. Durante los primeros tiempos del Imperio, los amos dejaban que sus hijos se ocuparan de esta parte de la celebración y, probablemente, también en este momento, las amas dejaron de participar en las Nonas Caprotinas.

La finalidad religiosa de esta fiesta puede haber sido promover la fertilidad, tanto en las mujeres como en la agricultura (Columela, autor de un tratado de agricultura, recomendaba que las higueras se podasen en julio). En la ciudad latina de Lanuvium se celebraba, a principios de febrero, una fiesta dedicada a Juno Sospita ("Protectora"), a quien se mostraba llevando en la cabeza la piel de una cabra (*caper* o *capra* según su sexo). Unas muchachas jóvenes, con los ojos vendados, entraban en su arboleda sagrada llevando pasteles de cebada para una serpiente sagrada: si se comía los pasteles, se comprobaba la virginidad de las muchachas y al año siguiente podían concebir.

¿Cabra o higuera? Plutarco cuenta otra historia distinta. Había una fiesta romana llamada *Poplifugia* (huida del pueblo), con la que nadie sabe qué es lo que se conmemoraba, aunque pueda pensarse que tuvo su origen en la desaparición de Rómulo, ocurrida cerca de un lugar llamado la Laguna de la Cabra: "Salen fuera de la ciudad y hacen sacrificios junto a la Laguna de la Cabra, y en cuanto han hecho su sacrificio, gritan nombres locales (por ejemplo romanos), como Marco, Lucio, Cayo, imitando la manera en que, el día en que desapareció Rómulo, cada uno llamaba a los otros en medio del sobresalto y la confusión". Desgraciadamente, el griego Plutarco se equivocaba, pensando que la Poplifugia (que tenía lugar el 5 de julio) y las Nonas Caprotinas se celebraban el mismo día: en el calendario romano las Nonas eran el quinto día del mes *excepto* en marzo, mayo, junio, julio y octubre, que eran el séptimo.

Los Lupercales

Resulta más fácil describir la fiesta de los Lupercales, celebrada el 15 de febrero, que explicarla. En ella tomaban parte dos colegios sacerdotales, los lupercos Quintilios y los Flavios, y aunque en el año 45 a.C. se instituyó un tercero, el de los Julios, éste dejó de participar al poco tiempo de la muerte de Julio César, de quien recibieron el nombre.

Las ceremonias comenzaban junto a la cueva del Lupercal, en el ángulo sudoeste del monte Palatino con el sacrificio de animales, cabras y, excepcionalmente, un perro, y pasteles hechos por las vírgenes vestales con harina de las primeras espigas de la cosecha del año anterior. Se manchaba la frente de dos de los lupercos con la sangre de la hoja del cuchillo sacrificial, y luego se enjugaba con un copo de lana mojado en leche. Las pieles de las cabras sacrificadas se cortaban en tiras, con las que los más jóvenes rodeaban su cuerpo; después, desnudos, sin más ropa que esas tiras de piel, se dividían en grupos y corrían en direcciones opuestas, al principio dando la vuelta a todo el monte Palatino (más tarde parece que se limitó sólo a una parte de él, y a una carrera subiendo y bajando la Vía Sacra en el Foro) y volviendo al Lupercal; mientras corrían azotaban a cuantos encontraban en su camino, especialmente a las mujeres, con correas hechas con las pieles de las cabras.

Livio habla de las bromas y burlas que, antiguamente, hacían los primeros celebrantes —más tarde Valerio Máximo sugiere que podrían estar borrachos— y en tiempos de Augusto el carácter burlesco de la celebración llegó a considerarse excesivo y el emperador ordenó que sólo se permitiera participar en la carrera a los jóvenes que ya hubieran dejado de ser imberbes. Sin embargo la fiesta sobrevivió hasta el 494 d.C., cuando el papa Gelasio I se la apropió para la Iglesia, como la fiesta de la Purificación de la Virgen María.

El sacrificio del perro encierra múltiples enigmas. Plutarco, lleno de ideas como siempre, sugiere cuatro explicaciones diferentes: la primera, que los griegos utilizaban perros en los sacrificios de purificación y, además, como expiación a Hécate, la diosa del mundo subterráneo; segunda, que los Lupercales estaban vinculados con los lobos, y los perros son sus enemigos; tercera, que los perros hostigaban con sus ladridos a los lupercos mientras corrían; y cuarta, que Pan consideraba buenos a los perros, que custodiaban los rebaños.

Varrón, el historiador, interpretaba el hecho de azotar con correas como un rito de purificación, pero Ovidio se inclinaba por el que probablemente era el punto de vista popular: propiciar la fertilidad; Plutarco da las dos explicaciones. Shakespeare, en su *Julio César*, nos ofrece este detalle: César obliga a su mujer, que no tenía hijos, a colocarse en el camino de Marco Antonio, para que la golpeara. La celebración más famosa de esta fiesta fue la del año 44 a.C., cuando Marco Antonio, el jefe de los lupercos julios, ofreció públicamente a Julio César una corona real, que él rechazó tres veces. Probablemente se eligió esta ocasión porque en ella se encontraba garantizada la presencia de una gran muchedumbre; pero esta demostración oficial de César de que carecía de ambiciones regias no resultó para nada: un mes después moría asesinado.

Se piensa que Evandro instituyó esta fiesta en honor de Pan Liceo, identificado con Fauno, el dios de los bosques, o con "Inuus". Con sus explicaciones etiológicas, los romanos creían que, de algún modo, los Lupercales conmemoraban el origen de Roma (no eran el "aniversario oficial" de la ciudad, que se celebraba más tarde, el 21 de abril), y había quienes pensaban que el recorrido de la carrera, que empezaba y terminaba en la antigua "guardería" de Rómulo —el cubil de la loba— podría coincidir con los límites primitivos de la ciudad, establecidos por su fundador en torno al Palatino. Los dos grupos de lupercos se asociaban a Rómulo y Remo: Ovidio cuenta que, una vez, cuando eran jóvenes pastores, mientras se estaban asando las cabras sacrificadas a Fauno, llegó el aviso de que unos cuatreros estaban robando el ganado. Rómulo y Remo, cada uno con un grupo de jóvenes, se lanzaron tras ellos en direcciones diferentes; Remo y los Fabios regresaron primero con la manada rescatada, y se comieron todo el banquete. En época cristiana la carrera arriba y abajo por la Vía Sacra se reinterpretó muy ingeniosamente como una representación de la humanidad pecadora tratando de escapar del Diluvio.

Sin embargo, todas estas explicaciones dejan muchos detalles oscuros. ¿Por qué el untarse con sangre, la lana mojada en leche y el carácter burlesco? ¿Por qué las tiras y los azotes hechos con las pieles de las cabras? Según Plutarco, un poeta griego del siglo I a.C. decía que la sangre recordaba el peligro en que Amulio puso a los niños, y la leche el alimento que les dio la loba. Los azotes hechos con la piel de cabra se explicaron en ocasiones (Varrón, Plutarco) como parte de un rito de purificación.

Resulta interesante que Ovidio las asocie con Juno, que en todas sus advocaciones era una diosa de la fertilidad para las mujeres, y en una de ellas —Juno Lucina, que tenía un templo en el Esquilino— protegía a las embarazadas (Juno Sospita, que vestía una piel de cabra recibió culto en Roma, pero en otro lugar). Cuenta Ovidio que las novias que acababan de casarse y que querían ser madres procuraban que las azotaran en las Lupercales. Hubo un tiempo en que la natalidad bajó alarmantemente durante el reinado de Rómulo, y éste exclamó: "¿De qué me ha servido raptar a las sabinas?". Las mujeres y sus maridos fueron a suplicar a Juno a un bosque que había en el Esquilino dedicado a aquella diosa, las copas de los árboles comenzaron a moverse y se oyó la voz de la diosa, que, procedente del interior del bosque, dijo: "Dejad que el macho cabrío penetre (*inito*, lo que quizá explique el nombre de Inuus) a las matronas itálicas". La muchedumbre, que no comprendió el significado de aquellas palabras, quedó muda; entonces un augur, un etrusco desterrado cuyo nombre se olvidó hace mucho tiempo, mató un macho cabrío y dijo a las mujeres que se dejaran golpear con su pellejo, cortado en tiras. Diez meses más tarde los romanos fueron padres.

Sospechamos que las Lupercales constituyen un ejemplo perfecto de lo que más puede gustar a los historiadores de la mitología: una fiesta que cumple diferentes funciones que se han ido superponiendo en torno a una misma fecha como resultado de un largo proceso histórico. Febrero (cuyo nombre para los romanos tenía connotaciones de purificación) era el último mes del

Moneda del año 65 a.C. (anverso) Juno Sospita con la cabeza cubierta por una piel de cabra; (reverso) mujer ofreciendo algo a una serpiente erguida.

año viejo, un mes de purificación y preparación para el nuevo año. El día 1 era la fiesta de Juno Sospita; del 13 al 21 era la fiesta de los difuntos (*Parentalia*), durante la cual se cerraban todos los templos y se visitaban las tumbas familiares, a la que seguía inmediatamente después, el día 22, la fiesta del Amor Familiar (*Caristia*); finalmente, el día 27 tenía lugar una procesión en torno a los muros de la ciudad y se efectuaba un sacrificio. En marzo daba comienzo un nuevo año y, para los soldados romanos, comenzaba también el tiempo de las campañas militares.

Las Lupercales se integran dentro de la secuencia del año religioso romano. Eran una fiesta de purificación para la comunidad, pero, como se ha sugerido recientemente, funcionaban también como un rito de fecundidad para las mujeres y un rito de iniciación para los jóvenes, por el restablecimiento simbólico del momento del nacimiento y de los inmediatamente posteriores, incluyendo el momento en que los bebés, una vez superado el peligro postnatal, empezaban a responder interactivamente —lo que podría explicar la sangre, la leche, las risas y la asociación con los niños Rómulo y Remo—.

Quizá fueran todo esto, pero para los romanos significaban un día de diversión, en una época triste del año, y tenían sus propias historias que contar acerca de ellos.◻

Conclusión

Los mitos y las leyendas romanas servían para varias finalidades distintas, y por eso sus detalles no eran sagrados: se podían cambiar, embellecer y adaptar según las necesidades. Algunas, como hemos visto, eran historias para explicar los rituales de las fiestas o para "nacionalizar" dioses extranjeros cuyo culto se había introducido en Roma. Otras celebraban aquellos valores morales y patrióticos que, al menos como ideales, se consideraban específicamente romanos, al mismo tiempo que, la mayor parte de las veces, servían para explicar algún acontecimiento histórico o para dejar patentes las pretensiones de alguna familia noble para ocupar un lugar eminente dentro de la historia de Roma. Las más importantes fueron las leyendas sobre la fundación de Roma y su expansión en los primeros tiempos, pues confirmaban la pretensión de los romanos de que, desde el principio y entre todos los pueblos de Italia (a pesar las historias diferentes —radical y efectivamente suprimidas— procedentes de la tradición de otros pueblos), ellos eran los mejores y de que jamás habían sido derrotados y que, por tanto, estaban destinados a gobernar sobre todos los demás. También servían a los romanos para reivindicar su participación en la herencia cultural de la civilización griega que ellos habían conquistado. Y, por encima de todo —a pesar de que, en época imperial, se adaptaran para servir como legitimización del poder del gobernante—, dan una imagen de Roma misma y de su pueblo como elegidos de los dioses para regir el mundo entero.❐

John "Warwick Smith", Vista de Roma, *Acuarela, 1780. En el centro se encuentra el Coliseo con el arco de Constantino a su izquierda.*

BIBLIOGRAFÍA

Sólo hemos tenido espacio para contar un número muy pequeño de aquellas leyendas que les resultaban familiares a los romanos, y aun éstas muy por encima. Pero se puede disfrutar de las historias, más completas y a menudo más vividas, de los escritores griegos y latinos en traducciones españolas, muchas de ellas publicadas en la colección *Clásica Akal*.

Existen varias publicaciones modernas que pueden ampliar nuestro conocimiento y comprensión de las leyendas romanas y de su naturaleza. El libro *Roman Myth and Mythology* (Londres, 1977) contiene una colección de ensayos sobre diferentes temas, entre ellos algunas de las leyendas de las que nos hemos ocupado en este libro, escritos por J. N. Bremmer y N. M. Horsfall, dos historiadores, de los que uno se interesa más por estudiar la evolución de las leyendas y el otro por la mitología comparada y las relaciones existentes entre mito y ritual. El libro de H. H. Scullard, *Festivals and Ceremonies of the Roman Republic* (Londres, 1981), sigue el calendario romano día a día, describiendo la mayor parte de sus fiestas y ceremonias, y relatando las historias que se contaban sobre ellas.

En lo que concierne a las relaciones entre el mito y la historia, el libro de Michael Grant, *Roman Myths* (Londres, 1971, recientemente reeditado), ofrece un relato muy agradable de leer sobre la forma en que aquellas historias se fueron manipulando, o en algunos casos, inventando, en los distintos períodos de la historia de Roma para sustentar los intereses de los miembros de la élite gobernante. En *Clio's Cosmetics* (Leicester, 1979), T. P. Wiseman analiza cuál era el concepto de historia que tenían los historiadores romanos, especialmente en el siglo I a.C., y cuáles eran sus opiniones sobre lo que podríamos llamar leyendas. Sobre lo que ahora consideramos como moderna historia de la antigua Roma, véase *The Cambridge Ancient History* (segunda edición), de F. W. Walbank (ed.), volumen VII, parte II, "The Rise of Rome to 220 BC" (1989).

En *Divus Julius* (Oxford, 1971), de S. Weinstock, se trata sobre la utilización con fines propagandistas de los mitos tradicionales y la creación de un nuevo mito personal por parte de Julio César, y un estudio semejante sobre la propaganda en torno al primer emperador romano, Augusto, podemos encontrar en la obra reciente, mucho más importante, de P. Zanker, *Augusto y el poder de las imágenes*, Madrid, 1992, en la que los lectores pueden encontrar el análisis más interesante y accesible sobre la utilización de los medios de comunicación visual; sobre este tema se puede consultar también *The Image of Augustus* (Londres, 1981), de Susan Walker y Andrew Burnett. J. De Rose Evans, en *The Art of Persuasion: political propaganda from Aeneas to Brutus* (Princeton, 1992), se ocupa de la utilización de leyendas para la propaganda visual (esta vez durante la república), especialmente en monedas.

El libro de I. Donaldson, *The Rapes of Lucretia: a Myth and its Transformations* (Oxford, 1982), merece una mención especial. Las opiniones sobre la versión de Shakespeare del poeta Ted Hughes se pueden encontrar en su *Shakespeare and the Goddes of Complete Being* (Londres, 1992)

Créditos Fotográficos

Abreviaturas:
BM = por cortesia de los Trustees del British Museum
BMCRR = *Coins of the Roman Republic in the British Museum* (1910)
BMCRE = *Coins of the Roman Empire in the British Museum*, I (1923)
PCR = *Principal Coins of the Roman*, I (1978)

Ilustración de cubierta BM GR 1927. 12-12.I; pp 4-5 BM PD O0.7.149.H.308; p. 9 BM *BMCRR* (Roma) 3891; p. 11 BM CM 1931-5-4-29, *PCR* 23; p. 12 BM GR Bronce 1523; p. 13 (arriba) BM GR 1946.4-23.1; (debajo) Por cortesía del Museo Allard Pierson, Amsterdam, 1606; p. 16 BM GR Terracota D 690; p. 18 BM CM *BMCRR* (Este) 31; p. 19 Ny Carlsberg Gliptoteca, Copenhage, 494a; p. 20 BM PD O0.8.269.H.303; p. 22 BM CM *BMCRE* I (Tiberio) 16; p. 23 BM PD O0.7.240.H.310; p. 27 Römisch-Germanisches Museum, Colonia, Inv. 70.3; p. 30 BM MLA 66, 12-29, 21; p. 32 BM GR 1902.1-16.1, Plata 73; p. 34 BM CM *BMCRR* (Roma) 926; p. 36 BM GR 1840.1-11.15, BM Cat. Cerámica H.1; p. 37 BM CM *BMCRR* (Roma) 2322; p. 38 Musée du Louvre, n°. 188, Photo Reunion des Musés Nationaux, París; p. 40 BM CM *BMCRE* (Augusto) 76; p. 45 BM GR 1983.12-29.1; p. 47 Musée du Louvre, no. 189, Photo Reunion des Musées Nationaux, París; p. 51 BM MLA 1878, 12-30, 408; p. 54 BM MLA 1855, 12-1, 74; p. 58 BM CM *BMCRE* I (Augusto) 30; p. 60 (arriba a la izquierda) BM CM *BMCRR* (Roma) 3652; (derecha) BM GR 1979.11-8.1; p. 65 BM PD 1868.8-22.38; p. 70 BM GR Escultura 2310 Towneley Collection; p. 73 BM GR 1925.12-18.1, Escultura D 69; p. 76 (arriba a la derecha) Dibujo de BM GR Bronce 633; (Abajo a la izquierda) BM 1772-3-2.26, Bronce 604; p. 77 (arriba a la derecha) BM GR Bronce 1574; (abajo) BM GR 1893.5-1.6, Plata 136; p. 79 BM GR 1899.2-18.46; p. 80 BM GR 1873.2-8.1, Pintura 24; p. 81 BM PRB OA 248; p. 85 BM CM *BMCRR* (Roma) 3415; p. 86 BM PD 1947.1-10.1; cabeceras de capítulo Sue Bird.

Índice de nombres